心一堂術數古籍珍本叢刊

書名：三元地理真傳（兩種）（下）
系列：心一堂術數古籍珍本叢刊　堪輿類　蔣徒張仲馨三元真傳系列　第二輯　171
作者：【清】趙文鳴
主編、責任編輯：陳劍聰
心一堂術數古籍珍本叢刊編校小組：陳劍聰　素聞　梁松盛　鄒偉才　虛白盧主

出版：心一堂有限公司
通訊地址：香港九龍旺角彌敦道六一〇號荷李活商業中心十八樓〇五一〇六室
深港讀者服務中心：中國深圳市羅湖區立新路六號羅湖商業大廈負一層〇〇八室
電話號碼：(852)67150840
網址：publish.sunyata.cc
電郵：sunyatabook@gmail.com
網店：http://book.sunyata.cc
淘寶店地址：https://shop210782774.taobao.com
微店地址：https://weidian.com/s/1212826297
臉書：https://www.facebook.com/sunyatabook
讀者論壇：http://bbs.sunyata.cc/

版次：二零一六年八月初版
平裝：上下二冊不分售

定價：港幣　六百八十元正
　　　人民幣　六百八十元正
　　　新台幣　兩千八百八十元正

國際書號：ISBN 978-988-8317-25-7

香港發行：香港聯合書刊物流有限公司
地址：香港新界大埔汀麗路36號中華商務印刷大廈3樓
電話號碼：(852)2150-2100
傳真號碼：(852)2407-3062
電郵：info@suplogistics.com.hk

台灣發行：秀威資訊科技股份有限公司
地址：台灣台北市內湖區瑞光路七十六巷六十五號一樓
電話號碼：+886-2-2796-3638
傳真號碼：+886-2-2796-1377
網絡書店：www.bodbooks.com.tw
台灣國家書店讀者服務中心：
地址：台灣台北市中山區松江路二〇九號一樓
電話號碼：+886-2-2518-0207
傳真號碼：+886-2-2518-0778
網絡書店：http://www.govbooks.com.tw

中國大陸發行　零售：深圳心一堂文化傳播有限公司
深圳地址：深圳市羅湖區立新路六號羅湖商業大廈負一層〇〇八室
電話號碼：(86)0755-82224934

心一堂微店二維碼

心一堂淘寶店二維碼

三元地理真傳序

堪輿之書。真偽雜出。淺見難分。余遍覽群書。知玄女三字經。黃石公青囊經。郭景純葬書。以及靈城精義。楊筠松青囊奧語。天玉經。都天寶照經。遍地鈴。曾公安青囊序。幕講禪師玉鏡經。雲陽祖師枕中記。八極神樞。蔣大鴻歸厚錄。天元歌。醒心篇。神火精真淵源授受一脈相傳。余特彙為一編。復作考證一篇。探本窮源一一指出。并作三元地理詩一首。以附於末。洵堪為後學之金針。庶不致疑真惑偽。茫然無所適從也。雖地理之書。合於三元者尚多。然不能盡載。惟俟善學者。詳參博考。會歸於極。可矣。是爲序。

乾隆四十一年十月上海趙文鳴字宸藻號清泉撰

三元地理真傳贊

山川之隐見人事之廢興雖曰無常而冥〻中實有為之主宰地靈人傑信而有徵也自咸豐甲寅歲先嚴去世欲卜葬而未有佳壤焉予因延師訪擇縱覽名區大江以南足跡殆遍得覽天水舊壤見其地局秀美法受平階真悠久不替之地也宜其簪纓林立甲第連綿洵發祥之有自歟而不知皆出於清泉趙公所手定清泉先生善畫工書文詞高古吟咏之外於天文地理尤必精心考証近又覩其家藏三元宅墓圖披閱之下知其登山點穴無一不得心應手者惜未付梓工風行海內而於巒

頭理氣摘要探元洵傳楊郭之淵源永為時師之矩矱自有識
者所共賞焉爰誌數言以示後

咸豐十年清和月上海淩照月舟氏敬撰

三元地理真傳表

余高祖清泉公本篤學人也嘗與高叔祖璞函公相繼遊庠且食廩餼詩文書畫各〻精工固足名垂千古後欲擇地葬親延師博覽其所論者總不出乎三合之說而於心終覺無當焉於是舍合求元而奉蔣大鴻先生三元局為宗尊張醒癡先生三元局為師遠徵諸古近考於今仰觀天文俯察地理而於三元秘旨有深契焉由是以之葬親而孫為之顯以之葬弟而子為之昌即用之他家亦無不屢〻獲效者乃益信三元地理為不誤也因集成三元地理真傳一書為萬世堪輿之準則彼惑偽

疑真者所亟宜自反焉余曾祖依仁公亦曾守此真傳以行道
於世迨余而不克紹承焉雖一衿幸獲能無深愧也乎故不辭
鄙陋聊叙數言以表白云爾

元孫增崧字峻山號翰甫謹表

同治四年孟春月書於河間館舍懋勤軒之南牖下

三元地理真傳書目

卷一

三元地理詩二百二十韻

趙文鳴宸藻

三元地理考證

趙文鳴

河圖

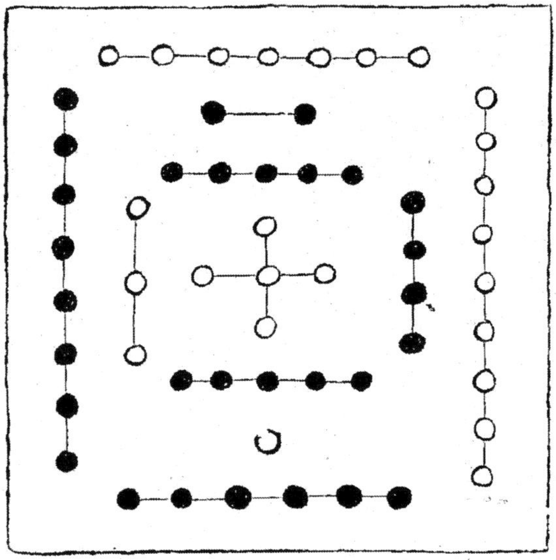

洛書

伏羲先天八卦

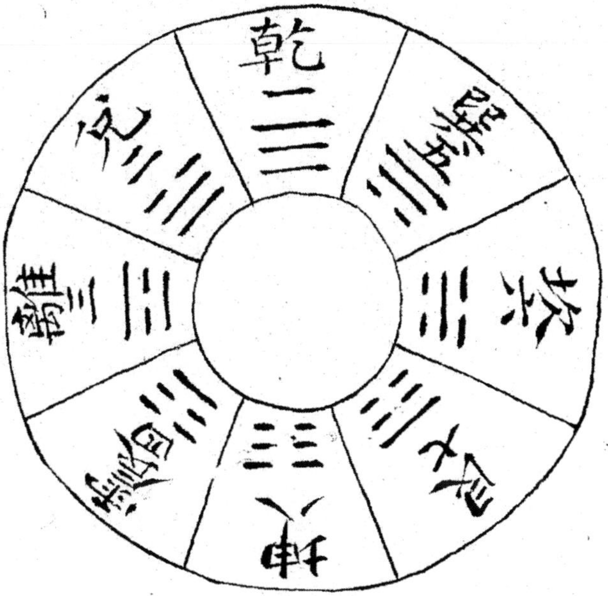

文王後天八卦

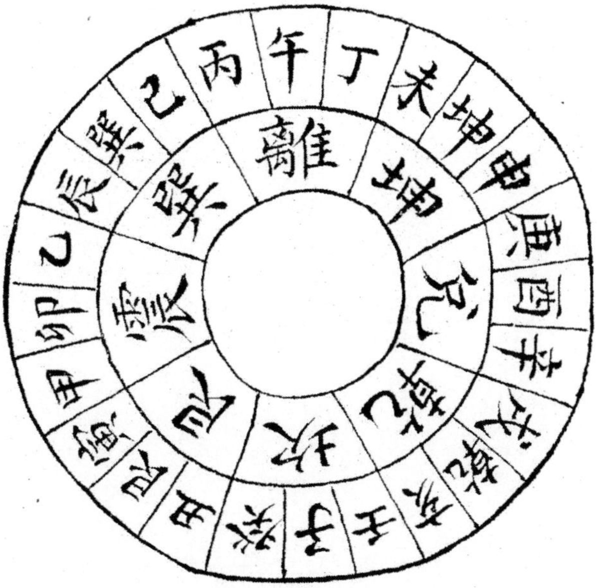

太陽躔度圖

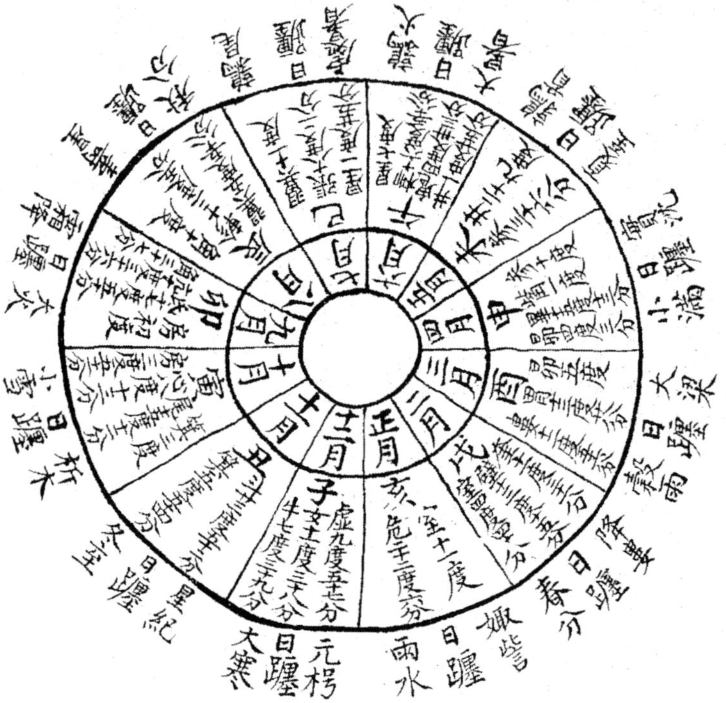

太陽出入圖

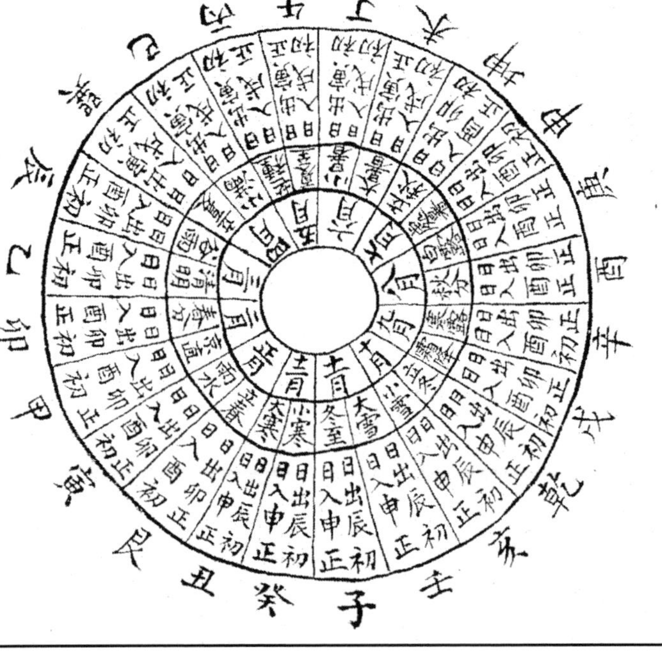

九天玄女青囊海角權衡三字經

正經

天德純。數乃遵。理順逆。萬機神。六甲運。五賦行。法五子。遁八門。
佈雷使。察金精。御五炁。攝九靈。鋤叛逆。超神英。

理氣經

位生民。奠宅靈。審卦氣。配九星。推三吉。合八門。地母變。上化升。
長男震。下逆行。自然炁。定吉凶。

星巒經

方尖圓。動直行。峙逶迤。流平渟。四望歸。八方層。行恠異。秘內神。

背幽関迎陽明。

青囊三字經。世稱玄女所傳。其言雖誕。然簡而該。精而切。字。字。淵。微。言。言。典。則。即如理炁云。審卦炁。配九星。推三吉。合八門。正示人必當審乾坎艮震巽離坤兌後天之卦炁。以配一白二黑三碧四綠五黃六白七赤八白九紫之星辰。又推三六一百八十年上中下三元得令之吉運。以合八卦上中下值旺之一門。只。此。十。二。字。而。三。元。之。旨。已。包。括。顯。露。無。遺。矣。我特明揩其端。即從此細察全篇。當無不得其義也。

上海趙文鳴清泉識

黃石公授赤松子青囊經

上卷

經曰。天尊地卑。陽奇陰偶。一六共宗。二七同道。三八為朋。四九為友。五十同途。闔闢奇耦。五兆生成。流行終始。八體宏布。子母分施。天地定位。山澤通氣。雷風相薄。水火不相射。中五立極。臨制四方。背一面九。三七居旁。二八四六。縱橫紀綱。陽以相陰。陰以含陽。陽生於陰。柔生於剛。陰德鴻濟。陽德順昌。是故陽本陰。陰育陽。天依形。地附氣。此之謂化始。

中卷

經曰、天有五星。地有五行。天分星宿。地列山川。氣行於地。形麗於天。因形察炁。以立人紀。紫微天極。太乙之御。君臨四正。南面而治。天市春宮。少微西掖。太微南垣。旁照四極。四七為經。五德為緯。運斡坤輿。垂光乾紀。七政樞機。流通終始。地德德上載。天光下臨。陰用陽朝。陽用陰應。陰陽相見。福祿永貞。陰陽相乖。禍咎踵門。天之所臨。地之所盛。形止氣蓄。萬物化生。氣感而應。鬼福及人。是故天有象。地有形。上下相須而成一體。此之謂化機。

下卷

經曰、無極而太極也。理寓於氣。氣囿於形。日月星宿。剛氣上騰。

山川草木。柔氣下凝。資陽以昌。用陽（陰）以成。陽德有象。陰德有位。地有四勢。氣從八方。外氣行形。內氣止生。乘風則散。界水則止。是故順五兆。用八卦。排六甲。布八門。推五運。定六氣。明地德。立人道。因變化。原終始。此之謂化成。

青囊經推原天地開闢。河洛獻瑞。聖人仰觀象於天。俯觀法於地。天有日月星辰。地有山川河嶽。因而畫先天後天之卦。先天符於河圖而為體。後天符於洛書而為用。河圖洛書。非有二數。先天後天。亦無二義。特先天對待二氣相交。後天流行。八方分布。陰陽互根。剛柔兼濟。生生不息。物物化成。運有循環事有興廢氣感而應禍福殊途得時則旺失令則衰故終篇實指地理之要曰地有四勢氣從八方乘風則散界水則止又云順五兆用八卦排六甲布八門推五運定六炁顯然告人以五星審象八卦審位六甲審年八風審氣五運審歲六氣審令而地理之矩矱盡於此矣其為堪輿之鼻祖也宜哉

清泉趙文鳴識

郭璞景純氏葬書

葬者乘生氣也五氣行乎地中發而生乎萬物經曰土形氣行
物因以生人受體於父母本骸得氣遺體受蔭經曰氣感而應
鬼福及人是以銅山西崩靈鐘東應木華於春粟芽於室蓋生
者氣之聚凝結成骨死而獨留故葬者反氣納骨以蔭所生之
法也夫陰陽之氣噫而為風升而為雲降而為雨行乎地中而
為生氣正隴之骨岡阜之支氣之所隨經曰氣乘風則散界水
則止故謂之風水風水之法得水為上藏風次之何以言之夫
外炁所以聚內炁界水所以止來龍千尺之勢委宛頓息外無

以聚內氣散於地中。經曰。不蓄之穴。腐骨之藏也。夫噫氣為能散生氣。龍虎所以衛區穴。疊疊中阜。左空右缺。前擴後折。生氣散於飄風。經曰。騰漏之穴。敗棺之藏也。古人聚之使不散。行之使有止。夫土者氣之體。有土斯有氣。氣者水之母。有氣斯有水。經曰。外氣橫行。內氣止生。蓋言此也。夫氣行乎地中。其行也因地之勢。其聚也因勢之止。葬者原其起。乘其止。地勢原脉。山勢原骨。委蛇東西。或為南北。千尺為勢。百尺為形。勢來形止。是為全氣。全氣之地。當葬其止。宛委自復。回環重複。若踞而候也。若攬而有也。欲進而却。欲止而深。來積止聚。冲陽和陰。土高水深。

朝海拱辰。四勢端明。五害不侵。十一不具。是謂其次。占山之法。以勢為難。而形次之。方又次之。勢如萬馬。自天而下。其葬王者。勢如巨浪。重嶺疊嶂。千乘之葬。勢如降龍。水遶雲從。爵祿三公。勢如重屋。茂草喬木。開府建國。勢如驚蛇。曲屈徐斜。滅國亡家。勢如戈矛。兵、死、刑、囚。勢如流水。生人皆鬼。形如植冠。永昌且歡。形如覆釜。其巔可富。形如負扆。有壠中峙。法葬其止。王侯崛起。形如燕巢。法葬其凹。胙土分茅。形如側罍。後岡遠來。前應曲回。九棘三槐。形如仰刃。凶禍伏逃。形如臥劍。誅夷逼僭。形如橫几。子孫滅死。形如覆舟。女病男囚。形如灰袋。災舍焚倉。形如投算。

百事皆亂。形如亂衣。婦女淫妻。夫牛卧馬馳。鸞舞鳳飛。騰蛇委蛇。黿鼉魚鱉。以水別之。牛富鳳貴。騰蛇凶危。形類百動。葬皆非宜。回應朝案。法同忌之。經曰。地有四勢。氣從八方。寅申巳亥。四勢也。坎離震兌乾坤艮巽。八方也。是故四勢之山。生八方之龍。四勢行龍。八龍施生。一得其宅。吉慶貴榮。夫葬乾者。勢欲起伏而長。形欲闊厚而方。葬坤者。勢欲連辰而不傾。形欲廣厚而長平。葬艮者。勢欲委蛇而順。形欲高峙而峻。葬巽者。勢欲峻而秀。形欲銳而雄。葬震者。勢欲緩而起。形欲聳而峩。葬離者。勢欲馳而穹。形欲起而崇。葬兌者。勢欲大來而坎垂。形欲方廣而平夷。

鬱草茂林。貴若千乘。富如萬金。經曰。形止。氣蓄。化生。萬物。為上
地。也。氣之盛。雖流行而其餘者猶有止。雖零散而其深者猶有
聚。故藏於涸燥者宜淺。藏於坦夷者宜深。經曰。淺深得乘。風水
自成。夫宗崗疊阜。群壠衆支。當擇其特。大、則特小。小、則特大。叅
形襍勢。主客同情。所不葬也。夫支欲伏於地中。壠欲峙於地上。
支壠之止。平夷如掌。故支葬其巔。壠葬其麓。卜支如首。卜壠如
足。形勢不經。氣脫如逐。地貴平夷。土貴有支。支之所起。氣隨而
始。支之所終。氣隨而鍾。觀支之法。隱〻隆〻。微妙玄通。吉在其
中。經曰。地有吉氣。土隨而起。支有止氣。水隨而比。勢順。形動。回

復○終○始○法○葬○其○中○永○吉○無○凶○山者勢險而直也○法葬其所會○乘
其所來○審其所廢○擇其所相○避其所害○禍福不旋日○是以君子
奪神功○改天命○經曰○葬山之法○若呼谷中言應速也○山之不可
葬者五○氣以生和○而童山不可葬也○氣因形來○而斷山不可葬
也○氣因土行○而石山不可葬也○氣以勢止○而過山不可葬也○氣
以龍會○而獨山不可葬也○經曰○童○斷○石○過○獨○生○新○凶○而○消○已○福○
上地之山○若伏若連○其原自天○若水之波○若馬之馳○其來若奔○
其止若尸○若懷萬寶而燕息○若具萬膳而潔齋○若橐之鼓○若器
之貯○若龍若鸞○或騰或盤○禽伏獸蹲○若萬乘之尊也○天光發新○

葬坎者勢欲曲折而長形欲秀直而昂夫勢與形順者吉勢與
形逆者凶勢凶形吉百福希一勢吉形凶禍不旋踵經曰勢止
形昂前澗後岡龍首之藏龍顙吉昌角目滅亡耳致侯王唇死
兵傷宛而中蓄謂之龍腹其臍深曲必後世福傷其胸脇朝穴
暮哭夫人之葬蓋亦難矣支壠之辨眩目亂心禍福之差侯虜
有閒土圭測其方位玉尺度其遠邇乘金相水穴土印木外藏
八風內秘五行龍虎抱衛主客相迎微妙在智觸類而長玄通
陰陽功奪造化夫土欲潤而堅細而不澤裁肪切玉備具五色
夫乾如聚粟濕如刲肉水泉砂礫皆為凶宅蓋穴有三吉葬有

六凶。天光下臨。地有德上載。藏神合朔。神迎鬼避。一吉也。陰陽冲和。五土四備。二吉也。目力之巧。功力之具。趨全避缺。增高益下。三吉也。陰陽差錯。為一凶。歲時乖戾。為二凶。力小圖大。為三凶。憑福恃勢。為四凶。僭上逼下。為五凶。變應怪見。為六凶。經曰。地吉葬凶。與棄尸同。夫葬以左為青龍。右為白虎。前為朱雀。後為元武。元武垂頭。朱雀翔舞。青龍蜿蜒。白虎馴頫。形勢反此。法當破死。故虎蹲謂之銜尸。龍踞謂之嫉主。元武不垂頭者拒尸。朱雀不翔舞者騰去。夫以支為龍虎者。來止跡乎高岡。要如肘臂。謂之環抱。以水為朱雀者。衰旺係乎形應。忌夫湍急。謂之悲泣。

朱雀源於生氣派於未盛朝于大旺澤於將衰流於囚謝以返不絕法每一折瀦而後泄揚揚悠悠顧我欲留其來無源其去無流經曰山來水回貴壽豐財山囚水流虜王滅侯

葬書即青囊青烏三經之註疏也故其中引用甚多至其詞古理元意該言簡固非後人所能及即如乘生氣三字包括葬法勢止二字包括穴法形動而吉包括支法百動非宜包括山法衰旺形應包括向法水法獨世人誦其書而知之者少其引用青囊地有四勢氣從八方之語即為之註云寅申巳亥四勢也坎離震兌乾坤艮巽八方也四勢行龍八龍施

生明指後天八卦為入用之法以承青囊用八卦之旨也又云朱雀源於生氣派於未盛朝於大旺澤於將衰流於囚謝以返不絕味其語意不過申明上文當旺時自有生氣漸漸以至於大旺及其將衰又必流於囚謝然天地之運有循環有旺必有衰有衰又必有旺故又云以返不絕此又疏明青囊排六甲之紀年審運也何見淺者忽將生氣改為長生大旺改為帝旺將衰解曰未全衰并將冠帶臨官貼未盛死病墓絕貼囚謝胎養貼不絕而中間却遺去沐浴而不知況生氣二字即開首乘生氣之生氣其中並無長生二字之意如

果以生氣為長生。冠帶臨官為未盛。郭公何不若葬乾葬坤。葬艮葬巽之明〻指出。豈八卦可以明言。而長生沐浴獨不可以顯示耶。可見郭公初未有長生十二位之說存於心也。三合之誤人。不亦甚歟。

清泉趙文鳴識

靈城精義一名鐵彈子

形氣章

宇。宙。有。大。關。會。氣。運。為。主。山。川。有。真。性。情。氣。勢。為。先。地、運、有、推、移。而、天、氣、從、之。天、氣、有、轉、徙。而、地、運、應、之。天、氣、動、於、上。而、人、為、應、之。人、為、動、於、下。而、天、氣、從、之。夫星有聚講行講坐講則氣聚於龍。有權星。尊星。雄星。則氣聚於勢。有蓋胎。夾胎。乘胎。則氣聚於穴。有收襟。收堂。收關。則氣聚於局。陰勝、逢陽、則止。陽勝、逢陰、則住。雄、龍、須、要、雌、龍、輔。雌、龍、須、要、雄、龍、護。大地。無形。看氣聚。小地。無勢。看精神。水成形。山上止。山成形。水中止。認氣於大父母。

看尊星。認氣於真子息。看主星。認氣於方交媾。看胎伏星。認氣於成胎育。看胎息星。認氣於化煞為權。看解星。認氣於絕處逢生。看恩星。認龍之氣以勢。認穴之氣以情。龍備五行之全。故山之形體象龍。龍之變化極神。故山之變換象龍。龍之體純乎陽。故山逢陽而化。遇陽而生。龍之情喜乎水。故山夾水為界。得水而住。龍之行御乎風。故山乘風而騰。藏風乃歇。龍必得窠乃棲。故山以有局有關而聚。以無局無關而散。龍凡遇物則配。故山以有配有合而止。以無配無合而行。辨龍生死。須分三陰三陽。辨穴生死。須識陽多陰少。龍有變體。或為頓住勒住。穴有變格。

則為墜宮墓宮。星體有正有輔。兼襯貼之宜辨。穴情有顯有晦。形氣影之宜求。蓋帳不開。龍不窠。輪暈不覆。穴不住。束咽不細。氣不聚。泥丸不滿。氣不充。五星不離水土體。九星常要輔弼隨。土星不倚（偏）。五星皆有撞。火木不可蓋。水土豈能粘。坐宕坐煞坐旺。是為坐法。全胎保胎破胎。是為作法。挨生傍氣。或為脫殼借胎。或是子投母腹。脫煞逢生。或為借母養子。或是以子救母。脫龍。就局納前朝。只為半偽半真。撩山劈硬處。平基祗為直來直受。平陽之氣。常舒常散。須要湯中浮酥。山隴之氣。常急常斂。當看水面盤蛇。沒水之牛。氣仰而吹。宜乘其急。出洞之龍。氣直而吐。宜乘其餘。精華外露之氣如花。宜葬其皮。精華內蘊之氣如菓。宜葬其骨。龍穴有陰陽。砂水亦有陰陽。龍穴有生死。砂水亦有生死。氣有虛實。法當以實投虛。以虛乘實。氣有先後。法當先到先收。後到後收。傍城借主。須詳審乎樂托。就向拗龍。當消息乎明堂。點穴須求三靜一動。認氣須要百死一生。有稜有弦則形成。若湧若突則氣到。認氣難於認脈。葬脈豈如葬氣。法葬之葬。法在形裡。會意之葬。意在形表。龍之貴賤以格辨。龍之正餘。以祖辨。龍之大小以幹辨。龍之去住以局辨。龍之偏正以堂辨。龍之真偽以座辨。是故同龍論局。同局論堂。同堂論座。凶星不無夾襍。只要有胎有化。吉曜縱然雄衛。亦要有精有神。陵谷變遷。山川改色。造化固自有時。控制山川。打動龍神。裁成須自有法。

理氣章

地無精氣。以星光為精氣。地無吉凶。以星氣為吉凶。用先天。以統龍。當詳究乎四龍。天星用後天。以布局。宜細察乎三盤卦例。以龍定穴。須審入路陰陽。以水定向。須看歸路陰陽。入首入手。則龍與脉之由辨。分金分經。則來與坐之由。分脉看左右落。則脉可辨真僞。氣審左右加。則氣可別純濇。龍脈有順逆。乘氣自當有辨。五行有顛倒。作用各自有法。氣有乘本脈而不容他雜者。氣有借旁脈而可隔山取者。氣有合初分脈而不為遥遠者。氣有串渡峽脈而不為邀截者。主穴無尺寸之移。受氣有耳腰之異。分金有轉移之巧。氣線無毫髮之差。中氣當避。乘氣故取三七。放棺。旺氣宜乘。分金亦取三七加向。脈不直而氣直。何畏直來直受。氣不斜而棺斜。乃為正貫。正承龍。以脈為主。穴以向為尊。水以向為定。向以局而分。來路看四生。坐下看四絕。局內看三合。向上看雙金。制殺莫如乘旺。脫煞正以逢生。從煞乃化為權。留煞正爾迎官。客水客砂。尚可招邀。取氣真。夫真婦猶嫌半路相逢。陰用陽朝。陽用陰朝。合之固眷屬一家。山運收山。水運收水。分之亦互為生旺。主有主氣。內宜秘乎五行。堂有堂氣。外宜親乎四勢。龍為地氣。當從骨脈實處竅其內而注之。水為天氣。當從向方虛處竅其外而引之。在天成象。在地成形。同一氣。故天象太陽為尊。而地法廉貞為祖。同以火星為萬象之宗。象分吉凶。形分禍福。同一域。故星光歲星為德。而地法貪狼為貴。同以木星為萬象之華。先天一陰一陽對待為主。故四龍天星。惟取相配。陰與陽合。陽與陰合。後天分陰分陽致用為主。故八方坐向可借為配。坐陽收陰。坐陰收陽。先後二天。先為體而後為用貴通其變陰陽二氣陰非貴而陽非賤在適其宜地以八方定位正坤道之權輿故正子正午為地盤居內以應地之實天以十二分野正躔度之次舍故壬子丙午為天盤居外以應天之虛

首篇開口云宇宙有大関會氣運為主可見天地自有推移歲時自有旋轉人事自有興廢斷無長生旺墓一定不易之板法也只此一語居然破的次篇開口云用先天以統龍當詳究乎四龍天星用後天以布局宜細察乎三盤卦例可見地理祇用八卦先天統龍後天布局三盤者乃上中下三元

之卦也故云卦例結云地以八方定位正坤道之權輿故正子正午為地盤居內以應地之實天以十二分野正躔度之次舍故壬子丙午為天盤居外以應天之虛上四句明指子午卯酉乾巽艮坤以定地之八方故曰地盤顯然為擇地所用故云正坤道之權輿居內以應地之實下四句明指壬子丙午二字一連以按天之十二宮故曰天盤顯然為擇日所用故云正躔度之次舍居外以應天之虛安有正針縫針之別辨龍立向消砂納水之分者哉

清泉趙文鳴識

楊益筠松氏青囊奧語原本

坤壬乙巨門從頭出艮丙辛位〻是破軍巽辰亥盡是武曲位甲癸申貪狼一路行左為陽子癸至亥壬右為陰午丁至巳丙雌與雄交會合元空雄與雌元空卦內推山與水須要明此理水與山禍福盡相關明元空只在五行中知此法不須尋納甲顛〻倒二十四山有珠寶順逆行二十四山有火坑認金龍一經一緯義不窮動不動直待高人施妙用第一義要識龍身行與止第二言來脈明堂不可偏第三法傳送功曹不高壓第四奇明堂十字有元微第五妙前後青龍兩相照第六秘八國城

門鎖正氣第七奧要向天心尋十道第八裁屈曲流神認去來第九神任他平地與青雲第十眞若有一訣非眞情明倒杖卦坐陰陽何必想識掌模太極分明必有圖知化氣生剋制化須熟記說五星方圓尖秀要分明曉高低星峯須辨得元微鬼與曜生死去來直要妙向放水生旺有吉休囚否二十四山分五行知得榮枯死與生翻天倒地對不同其中秘密在元空認龍立穴要分明在人仔細辨天心天心既辨穴何難但把向上放水看從外生入名為進定知財寶積如山從內生出名為退家內錢財皆盡廢生入剋入名為旺子孫高官盡富貴脈息生旺

要知因。龍歇脈寒災禍侵。縱有他山來救助。空勞祿馬護龍行。

勸君再把星辰辨。吉凶禍福如神見。識得此篇眞妙微。又見郭

公再出現。

評註附見卷末考證內茲不備錄

楊益筠松氏天玉經

內傳上

江東一卦從來吉。八神四個一。江西一卦排龍位。八神四個二。
南北八神共一卦。端的應無差。二十四龍管三卦。莫與時師話。
忽然知得便通仙。代代鼓駢闐。天卦江東掌上尋。知了值千金。
地畫八卦誰能會。山與水相對。父母陰陽仔細尋。前後相兼定。
前後相兼兩路看。分定兩邊安。卦內八卦不出位。代代人尊貴。
向水流歸一路行。到處有聲名。龍行出卦無官貴。不用勞心計。
只把天醫福德裝。未解見榮光。倒排父母蔭龍位。山向同流水。

十二陰陽一路排總是卦中來關天關地定雌雄富貴此中逢

翻天倒地對不同秘密在元空三陽水向盡源流富貴永無休

三陽六秀二神當立見入朝堂水到玉階官便至神童狀元出

印綬若然居水口玉街近台輔鼕鼕鼓角隨流水豔豔紅旗貴

上按三才并六建排定陰陽算下按玉輦捍門流龍去要回頭

六建分明號六龍名姓達天聰正山正向流支上寡夭遭刑杖

共路兩神為夫婦認取真神路仙人秘密定陰陽便是正龍岡

陰陽二字看零正坐向須知病若遇正神正位裝發水入零堂

零堂正向須知好認取來山腦水上排龍點位裝積粟萬餘倉

正神百步始成龍。水短便遭凶。零神不問長和短。吉凶不同斷。
父母排來到子息。須去認生尅。水上排龍點位分。兄弟更子孫。
二十四山分兩路。認取五行主。龍中交戰水中裝。便是正龍傷。
前面若無凶交破。莫斷為凶禍。凶星看在何公頭。仔細認蹤由。
先定來山後定向。聯珠不相放。須知細覓五行蹤。富貴結全龍。
五行若然翻值向。百年子孫旺。陰陽配合亦同論。富貴此中尋。
東西父母三般卦。算值千金價。二十四路出高官。緋紫入長安。
父母不是未為好。無官只豪富。父母排來看左右。向首分休咎。
雙山雙向水零神。富貴永無貧。若遇正神須敗絕。五行當分別。

隔向一神仲子當。千萬細推詳。若行公位看順逆。接得方奇特。
宮位若來見逆龍。男女失其蹤。更看父母下三吉。三般卦第一。

內傳中

二十四山起八宮。貪巨武輔雄。四邊盡是逃亡穴。下後令人絕。
惟有挨星為最貴。泄漏天機秘。天機若然安在內。家活當富貴。
天機若然安在外。家活漸退敗。五星配出九星名。天下任橫行。
干維乾艮巽坤壬。陽順星辰輪。支神坎震離兌癸。陰卦逆行取。
分定陰陽歸兩路。順逆推排去。知生知死亦知貧。留取教兒孫。
天地父母三般卦。時師未曾話。元空大卦神仙說。本是此經訣。

不識宗枝但亂傳。開口莫胡言。若還不信此經文。但覆古人墳。
分却東西兩個卦。會者傳天下。學取仙人經一宗。切莫亂談空。
五行山下看來龍。入首便知蹤。分定子孫十二位。災禍相連值。
千災萬禍少人知。尅者論宗枝。五行位中出一位。仔細祕中記。
假若來龍骨不真。從此誤千人。一個排來千百個。莫把星辰錯。
龍要合向。向合水。水合三吉位。合祿合馬合官星。本卦生旺尋。
合凶合吉合祥瑞。何法能趨避。但看太歲是何神。立地見分明。
成敗定斷何公位。三合年中是。排星仔細看五行。看自何卦生。
來山八卦不知蹤。八卦九星空。順逆排來各不同。天卦在其中。

甲庚丙壬俱屬陽。順推五行詳。乙辛丁癸俱屬陰。逆推五行論。
陰陽順逆不同途。須向此中求。九星雙起。雌雄異。元關眞妙處
東西二卦眞奇異。須知本向本水四神奇。代〻著緋衣。
水流出卦有何全。一代作官員。一折一代為官祿。二折二代福。
三折父母共長流。馬上錦衣遊。馬上斬頭水出卦。一代為官罷。
直山直水去無翻。場務小官班。

內傳下

乾山乾向水朝乾。乾峯出狀元。卯山卯向迎源水。驟富石崇比。
午山午向午來堂。大將值邊疆。坤山坤向水坤流。富貴永無休。

辨得陰陽兩路行。五星要分明。泥鰍浪裡跳龍門。渤海便翻身。
依得四神為第一。官職無休歇。穴中八卦要知情。穴內卦裝清。
要求富貴三般卦。出卦家貧乏。寅申巳亥水來長。五行向中藏。
辰戌丑未叩金龍。動得永無窮。若還借庫富後貧。自庫樂長春。
大都星起何方是。五行長生旺。大旆相對起高岡。職位在學堂。
捍門官國華表起。山水亦同例。水秀峰奇作大官。四位一般看。
坎離水火中天過。龍墀移帝座。寶蓋鳳閣四維朝。寶殿登龍樓。
罡刼弔煞休犯著。四墓多銷鑠。金枝玉葉四孟裝。金箱玉印藏。
帝釋一神定縣府。紫微同八武。排到父母養龍神。富貴萬餘春。

識得父母三般卦。便是真神路。北斗七星去打劫。離宮要相合。
子午卯酉四龍岡。作祖人財旺。水長百里佐君王。水短便遭傷。
識得陰陽兩路行。富貴達京城。不識陰陽兩路行。萬丈火坑深。
前兼龍神前兼向。聯珠莫相放。後兼龍神後兼向。排定陰陽算。
明得零神與正神。指日入青雲。不識零神與正神。代代絕除根。
倒排父母是真龍。子息達天聰。順排父母到子息。代代人財寂。
一龍宮中水便行。子息受艱辛。四三二一龍逆去。四子均榮貴。
龍行位遠主離鄉。回位發經商。時師不識挨星學。只作天心摸。
東邊財穀引歸西。北到南方推。老龍終日卧山中。何嘗又不易逢。

止是自家眼不的。亂把山岡覓。世人不知天機秘。洩破有何益。

汝今傳得地中仙。元空妙難言。翻天倒地更玄玄。大卦不易傳。

更有收山出煞訣。亦兼為汝言。相逢大地能幾人。個個是知心。

若還求地不種德。穩口深藏舌。

評註附見卷末考證內茲不錄

楊益筠松氏都天寶照經

上篇

楊公妙應不多言。實々作家傳。人生禍福由天定。賢達能安命。
貧賤安墳富貴興。全憑龍穴真。龍在山中不出山。掛在大山間。
若是砂曲星辰正。收得陽神定。斷然一葬便興隆。父發子傳榮。
好龍脫劫出平洋。百十里來長。離祖離宗星辰出。此是真龍骨。
前遂節々出兒孫。文武脈中分。直見大溪方住手。諸山皆不走。
個々回頭向穴前。城郭要周完。水口亂石堆水中。此地出豪雄。
若得遠來龍脫劫。發福無休歇。穴見陽神三摺朝。此地出官僚。

不問三男并五子。富貴房房起。此看衣祿榮華斷。
大水大河齊到處。千里來龍住。水口羅星鎖住門。似大將屯軍。
落頭定有一星形。非火土即金。正脈落平三五里。見水方能止。
二水相交不用砂。只要石如麻。更看硤石高山鎖。密密來包裹。
此是軍州大地形。細說與君聽。天下軍州總住空。何曾撐着後頭。
龍只向水朝龍處取。莫說後無主。立穴動靜中間求。須看龍到頭。
楊公妙訣無多說。因見黃生心性拙。全憑掌上起星辰。類聚裝成為妙訣。大山喚作破軍星。五星所聚脈難分。但看出身一路脈。到頭要分水土金。又從分水脈脊處。便把羅經照出路。

節〻同行過峽真前去必定有好處子字出脉子字尋[illegible][illegible]錯
差丑與壬若是陽差與陰錯勸君不必枉勞心子癸午丁天元
宮卯乙酉辛一路同若有山水一同到半穴乾坤艮巽宮取得
輔星成五吉山中有此是真龍辰戌丑未地元龍乾坤艮巽夫
婦宗甲庚壬丙為正向脉取貪狼護正龍寅申巳亥人元來乙
辛丁癸水來催更取貪狼成五吉寅坤申艮御門開巳丙宜向
天門上亥壬向得巽風吹貪狼原是發來遲坐向穴中人未知
立宅安墳過兩紀方生貴子好男兒立宅安墳要合龍不須擬
對好奇峯主人有禮客尊重客在西兮主在東

中篇

天下軍州總住空何須撐着後來龍時人不識元機訣只道後頭少撐龍大凡軍州住空龍便與平洋墓宅同州縣人家住空龍千軍萬馬悉能容分明見者猶疑慮龍不空時非活龍敎君看取州縣塲盡是空龍撥擺蹤莫嫌遠來無後龍龍若空時氣不空兩水界龍連生窟穴得水分何畏風但看古來卿相地平洋一穴勝千峯子午卯酉四山龍坐對乾坤艮巽宮莫依八卦陰陽取陰陽差錯敗無窮百二十家渺無訣此訣玄機大祖宗來龍須要望龍穴若後空時必有功帝座帝車並帝位旁皆帝

殿後當空。萬代侯王皆禁斷。予今隱出在江東。陰陽若能得遇
此。虹蚓逢之便化龍。子午卯酉四山龍。支兼干出最豪雄。乙辛
丁癸單行脉半吉之時又半凶。坐向乾坤艮巽位。兼輔而成五
吉龍。辰戌丑未四山坡。甲庚壬丙葬墳多。若依此理無差謬。清
貴聲名天下無。為官自有起身路。兒孫白屋出登科。八卦不是
真妙訣。時師休把口中歌。敗絕只因用卦安。何見依卦出高官。
陰山陽水皆真吉。下後兒孫禍百端。水若朝來須得水。莫貪遠
秀好峯巒。審龍若依圖訣。葬官職榮華立可觀。元機妙訣有因
由。向指山峯細〻求。起造安墳依此訣。能令發福出公侯。真向

支山尋祖脈。干神下穴永無憂。寅申巳亥騎龍走。乙辛丁癸水交流。若有此山并此水。白屋科名發不休。昔日孫鍾扦此穴。從此聲名表萬秋。來龍須看坐正穴。後若空時必有功。州縣官衙為格局。必然清顯立威雄。范蠡蕭何韓信祖。乙辛丁癸足財豐。亥壬聳龍興祖格。巳丙旺相一般同。寅申巳亥等五吉。乙辛丁癸四位通。紫緋晝錦何榮顯。三牲五鼎受王封。龍。回。朝。祖。玄。字。水。科名榜眼及神童。後空巳見前篇訣。穴要窩鉗脤到宮。試看州衙及臺閣。那個靠着後來龍。砂揖水朝為上格。羅城擁衛穴居中。依圖取向無差誤。不是王侯即相公。天機妙訣本不同。八。

卦。只。有。一。卦。通。乾坤艮巽躔。何位。乙辛丁癸落。何宮。甲庚壬丙
來。何。地。星辰流轉要相逢。莫把天罡稱妙訣。錯將八卦作先宗。
乾坤艮巽出官貴。乙辛丁癸田庄位。甲庚壬丙最為榮。下後兒
孫出神童。未。審。何。山。消。此。水。合。得。天。心。造。化。工。五星一訣非真
術。城門一訣最為良。識得五星城門訣。立宅安墳定吉昌。堪笑
庸愚多慕此。妄將卦例定陰陽。不。向。龍。身。觀。出。脉。又。從。砂。水。斷
災。祥。筠松寶照真秘訣。父子雖親不肯說。若人得遇是前緣。天
下橫行陸地仙。世人只愛週迴好。不知水亂山顛倒。時師但云
講八卦。却把陰陽分兩下。陰。山。只。用。陽。水。朝。陰。水。只。用。陽。山。收。

俗夫不識天機妙。自把山龍錯顛倒。胡行亂作害世人。福未到時禍先到。陽若無陰定不成。陰若無陽定不生。陽水陰山相配合。兒孫天府早登名。都天大卦總陰陽。翫水觀山有主張。能知山情與水意。配合方可論陰陽。都天寶照無人得。逢山踏路尋龍脈。前頭走到五里山。遇着賓主相交接。欲求富貴頃時求。記取筠松真妙訣。天有三奇地六儀。天有九星地九宮。十二地支天干十。干屬陽兮支屬陰。時師專論這般訣。誤盡閻浮世上人。陰陽動靜如明得。配合生生妙處尋。

下篇

尋得真龍〻虎飛水城屈曲抱身歸前朝旗鼓馬相應下後離
鄉著紫衣乙字水躔在穴前下砂收鎖穴天然當中九曲來朝
穴悠揚瀦蓄斗量錢兩畔朝歸穴後歇定然龍在水中蟠若有
聲為數錢水催官上馬御街前安墳最要看中央寬抱明堂水
聚囊出夾結成玄字樣朝鸞暮鳳舞呈祥外陽起眼人皆見乙
字灣身玉帶長更有內陽坐穴法神機出處覓仙方水直朝來
最不祥一條直是一條鎗兩條名為插脇水三條云是三刑傷
四水射來為四殺八水名為八殺殃直來反去拖刀殺徒流客
水少年亡時師只說下砂逆禍來極速怎堪當埢圳路街如此

様。亟宜遷改免災殃。前水來朝又擺頭。淫邪凶惡不知羞。乾流自是名繩索。自縊因公敗可憂。左邊水反長房死。右邊水射小兒亡水直若然當面射。中子離鄉死道旁。東西南北水射腰。房〻横死絶根苗。貪淫男女風聲惡。曲背騎腰家寂寞。左邊水反長房死。離鄉忤逆皆因此。右邊水反小兒傷。風吹婦女隨人走。當面水反中男當。斷定二房有死傷。左右中反房〻絶。切忌墳塋遭此劫。一水裹頭名斷城。下之雖發未為榮。兒孫久後房〻絶。水到砂收反主興。茶槽之水實堪憂。莫作蔭龍一例求。穴前大偏割唇脚。不見榮兮反見愁。元武擺頭有多般。未可慨然執一端。或斜或側或正出。須憑直節對堂安。擺頭直出是公龍。須取何家龍脈蹤。大山出脈分三訣。未許專將一路窮。家〻墳宅後高懸。太陽不照太陰偏。必主其家多寂寞。男孤女寡實堪憐。貪武輔弼巨門龍。方可登山細認蹤。水去山朝皆有地。不離五吉在其中。破祿廉文凶惡龍。世人墳宅莫相逢。若然誤作陰陽宅。縱有奇峰到底凶。本山來龍立本向。返吟伏吟禍難當。自縊離鄉龍虎害。作賊充軍上法塲。明得三星五吉向。轉禍為祥大吉昌。龍真穴正誤立向。陰陽差錯悔吝生。幾回奔走赴朝廷。總到朝廷帝怒形。緣師不曉龍何向。墳頭下了剥官星。尋龍過氣尋三節。父母宗枝要分別。孟山須要孟山連。仲山須要仲山接。干奇支偶細推詳。節節照定何脈良。若是陽差與陰錯。縱吉星辰發不長。一節吉龍一代發。如逢雜亂便參商。先識龍脈認祖宗。蜂腰鶴膝是真蹤。要知吉地行龍止。兩水相交夾一龍。夫婦同行脈路明。須認劉郎別處尋。平洋大水收小水。不用砂關發福久。水口石似人物形。定出擎天調鼎臣。龍若直來不帶關。支兼干出是福山。立得吉向無差誤。催祿催官指日間。乾坤艮巽脈過凹節。節節同行不混淆。向對甲庚壬丙水。兒孫列土更分茅。仲山過脈不帶關。三節山水同到前。斷定三代出官貴。六人準

驗念無虛言。發龍多向支神取。若是干神又不同。支若載之為夫
婦。干若帶支為鬼。龍子癸為吉壬子凶。三字真假在其中。乾坤
艮巽天然穴。水來當面是真龍。要識真龍結真穴。只在龍脈兩
三節。三節不亂是真龍。有穴定然奇妙絕。千金難買此玄文。福
緣遇者毋輕洩。依圖立向不差分。榮華富貴無休歇。時師不明
勉強扦。雖發不久終敗絕。一個星辰一節龍。龍龍來長短定枯榮。
孟仲季山無雜亂。数產人龍上九重。節数多時富貴久。一代風
光一節龍。

評註畧附卷末考證內茲不録

楊益筠松氏遍地鈴

華溪後覺子劉樂山註

遍地鈴。遍地鈴。神仙妙訣要君傳。點穴須明真帶假。節苞珠乳及窩鉗。浪花漾月妙中妙。雲外飄形玄又玄。

此一節。說穴地。真帶假。謂似是而非。毫釐千里之辨也。節苞珠乳及窩鉗。本山龍穴法。今言水穴。蓋水穴之形。初無異於山穴也。浪花漾月者。謂水乃陰中真陽。所以滋育真龍。養蔭太極者。故必水城抱繞方為結穴之區。又必深蓄潤大方得光芒四射。我穴其圜。水光蕩漾。如浪花之漾月。故曰妙中妙也。雲外飄形者。謂世但知山地則以山之起頂落脈為來龍。

平洋則以水之枝幹相乘為來龍而不知此皆龍之雌者而非龍之雄者皆龍之所自來而非即此是龍也盖龍乃天陽之氣無形可見無跡可尋惟地之陰有以感召夫天之陽斯天之氣從空而來附於地之形故曰雲外飄形玄又玄也二句言陰陽交媾方成太極楊公因上文節苞珠乳之句恐人誤向實地上尋求故急接此二語真精微玄渺之文也

問君何者謂之穴動静其中生關節水邊花發水中紅窓外月明窓內白

此節言穴法形静而實氣動而空一動一静之間化機出焉

所謂玄牝之門是為天地根故曰動靜其中生關節則節謂結穴水邊花發二句是裁穴之法蓋穴不離水即天元歌沾着水痕扦貼肉陰陽交度自生春之意上句言穴影照水下句言水光接穴神火精云善識火者構其光上下四旁皆有芒太近太遠光不接接得無傷百物昌真火法之要妙也

只為識龍不識穴脫氣下了之時兒孫絕更有識穴不識龍失胎

下了家計似懸鐘

此節從穴說到龍

平洋大地人不識或在水邊或在石或在平田或在泥或在沙

洲與堆積。乘風。氣散。主人。離水。遶羅城。方是吉。

無水則八面皆風。水繞則八風盡息。

天下州城住向空。何曾撐着後頭龍。今人不合古人法。誰道後頭無好峯。州縣人家若怕此。千門萬户怎生容。無明見者生疑惑。不下空龍下死龍。死龍曾似空龍活。龍動之時天地潤。不信但看州縣塲。盡是空龍活潑潑。潭州方員八百里。十萬人家盡張西。不然也去討多龍。所以難言空處空。衡在周回四十里。南山靠在西湖尾。家家空住向前塘。不信龍從何處起。

宋胡安國回地。上空處無非天也。故一陰交陽。山上聳地之上入乎天一河（陽交陰）下陷天之下入乎地世人但見為空不知是天故不知空中有氣空之為龍也抑知空實二者一氣貫通在空則無形為陽在實則有質為陰上極蒼昊下極黃泉無乎不充然不皆結穴者以不得陰陽之交結也必須空抱實實抱空合成一太極方是陰陽之交結為龍之動也合陰陽而成一穴（有形之雌）（無形之雄）其實處有來有止而為龍其空處亦有來有止而為龍也但實地（形也陰也）人所共知空龍（氣也陽也）人所難曉故公指明之一處之空與大空相通一處動則大空咸動故曰龍動之時天地濶也胡安國頗曉風水元機

世人也有住空龍。〻在空時總有功。背。後。水。從。生。旺。起。兒。孫。世。代。不。教。窮

此節從龍說到水。背後水從生旺起者。言。穴。後。坐。零。神。之。水。正。所。以。迎。向。前。生。旺。之。氣。非。真。有。生。旺。之。水。起。於。背。後。也。此。公。指。明。對。待。之。義。正。空。龍。之。根。蒂。若以辭害志則謬以千里矣。

人言側背是黃泉。誤了人家萬〻千。不信但從仙跡驗。後頭冲水出神仙仰山南嶽廟龍基。世上時師那得知。只為水冲龍脊背。四方朝拜不曾離。

此節因世人不知坐水之法。而并示人以冲水之法也。若非。坐。後。有。直。來。之。曲。水。安。得。向。前。有。生。旺。之。真。龍。但。楊。公。後。坐。曲。水。必。貼。穴。另。開。一。枝。小。水。橫。界。穴。後。而。後。坐。之。如。無。小。水。（真。機。妙。諦。千。古。不。傳。）界。抱。即。犯。漏。腦。之。病。而。貽。害。無。窮。矣。茫ゝ千。載此誤（訣）無從知者。至蔣公而一朝剖露。造。化。玄。機。於。爲。盡。洩。石。破。天。驚。鬼當夜哭。後學可不秘之哉。

天下江心與水。心君山常在鑑中行。橋州水陸金山寺。更有公安與洞庭。雁峰石鼓朱陵寺。下有滄浪可濯纓。人傑地靈多秀氣。發高請舉占科名。杜甫盧同李白祖。後頭盡以水為憐。此人不比凡流輩。盡是驚天動地人。

上言後頭冲水之妙。此又申言水中地之妙。

四面團〻水遶屋。于中有穴食天祿。

此又申言水中結作。多成貴局。以盡空龍之義。今人一見水心獨圩。但云無脈。不知江南平洋何地不在水中。而人財蕃盛如此。譬以大輿言之。外包以天。塊然中處。上半充之以氣。下半承之以水。故四海圜環大輿者。皆水也。天居外。地居內。二者相依輔而不相聯絡。是大地固渾然而無來脈者也。寧得曰大地無脈而無氣乎。蓋地之氣即天之氣也。天地一氣相貫。故。大。地。不。必。有。脈。而。自。有。氣。識。得。陰。陽。非。二。物。天。地。只。一。氣。方。能。恍。然。於。楊。公。空。龍。之義矣

不惟運祿秦雲翰。此句必有訛字或上下有闕文

別是乾坤一卷書。

世之實地求龍者。迷惑於高低起伏之跡。雖。告。以。平。洋。之。真。龍。猶。然。河。漢。而。無。極。也。後覺子取遍地鈴盡剖其奧。庶共知楊公蔣公。的是一脈相傳。汪云吾識

遍地鈴註。出葉九升氏。九升搜羅堪輿諸書。一一詮釋。彙為一編。梓以行世。名曰大成。其意、蓋、居、然、以、集、大、成、自、任。焉。予

觀其所集之書。則真僞雜陳。不知去取。察其所譔註。則垂謬舛錯。有悖經旨。我知其於斯道。實未得真傳正授。故於真機密諦。茫乎其未曉也。此書刻爲平洋之冠。予怪以楊公經天緯地之書。而遭不學無術之人。傳以臆解。參以邪說。世之讀此書者。莫不奉爲著策。而不知其說之謬。其貽害己不可勝道。我尤慮我後之人亦蹈其轍也。苟不刪正而釐定之。其書雖存。其道實亡矣。於是筆其是而存其原。削其非而補其缺。庶幾不悖楊公之經旨。用示後學之周行。所愧者畫虎未工。難狀浪花漾月之妙義。刻鵠近是。未傳水邊花發之元微。但

以詔(詒)我後人。曷敢洩諸當世。深懼一端之或失。敢矢三緘於
弗諠。因書數語。以請汪韓兩先生裁定焉。
乾隆九年太歲閼逢困敦日月會於鶉火之次後覺子自記

曾求己公安氏青囊序

楊公養老看雌雄天下諸書對不同先看金龍動不動次看血脈認來龍龍分兩片陰陽取水對三叉細認宗江南龍來江北望江西龍去望江東二十四山分逆順認取陰陽祖與宗陽從左邊轉陰從右路通有人識得者何愁大地不相逢是以聖人卜河洛瀍澗二水交華嵩相其陰陽流水位卜州卜邑辨雌雄晉世景純傳此術演經立義出元空朱雀發源生旺氣一一講說開愚蒙先天經盤十二位後天再用幹與維八幹四維輔支位子母公孫同一類二十四山雙雙起少有時師通此義五行

分布二十四。時師此義何時記。若論玄空分五行。知得榮枯死與生。丙丁乙酉原屬火。乾坤卯午金同坐。亥癸艮甲是木神。戌庚丑未土為真。子寅辰巽辛兼巳。申與壬方俱水神。用此步水與量山。百里江山一向間。山上龍神不下水。水裡龍神不上山。更有收山出煞法。前後步尺不相離。坎癸申辰坤乙星。離壬寅戌兼乾甲。此是陽山起頓來。收山出煞正宜裁。艮丙兌丁兼巳丑。巽辛震庚亥未受。此是陰山入穴來。立穴何須拘左右。此是收山出煞書。三節四節不須拘。只要龍身得生旺。陰陽却與穴中殊。天上星辰是織羅。水城三八要來過。水步城門須要會。恰如。湖。裡。雁。交。鵝。四木四金并八水。四火四土俱入坐。十。四。退。神。
如。鬼。靈。十。四。進。神。家。業。與。坐向須知生尅。化進退水路要知蹤。
生入尅入為進神。生出尅出是退神。退水宜流千百步。進水須
教近戶庭。進退得位出公卿。大旺人丁家業興。甲庚丙壬水來
朝。其家大富出官僚。進神若退家資退。亥子申宮皆一位。退神
若進主官非。巽巳艮寅同一例。癸坎騰騰入亥乾。丙向夾蛇扦。
虎馬兎山高聳頂。庄田置萬頃。看紫着緋兼着綠。寅甲水來逐。
更有諸位高峰起。尖秀高圓俱得位。生方高聳旺人丁。旺位起
峯財祿聚。水明消息少知音。盡在元空卦內尋。乾坤艮巽須發

長。寅申巳亥長伶仃。甲庚丙壬中男發。子午卯酉中男殺。乙辛丁癸少男强。辰戌丑未少男殃。更看明堂水來去。文破大小俱得位。截定生旺莫教流。直射直流家業退。流破生方主少亡。衝破旺方財祿空。文若來時男女亂。破方來去定非祥。溝壑明堂定方隅。便從品折審縈紆。四尺五寸為一步。折取須教向所宜。小神須要入中神。中神要入大神位。三折祿馬上街去。一舉登科名冠世。奇貴貪狼并祿馬。三合連珠貴無價。小神流短大神長。富貴聲名滿天下。子午卯酉號街廳。神壇寺觀亦能興。內有旗鎗紅門水。雷公館位使人驚。乾坤艮巽城門水。其中來去要知音。大神流入小神宮。定主人家灾禍至。中神流入小神方。灾禍瘟癀不可聞。小神流入大神位。管取榮華家富貴。乙辛丁癸神名小。辰戌丑未小神表。甲庚丙壬號中神。子午卯酉中神照。惟有乾坤艮巽方。寅申巳亥大神當。八干四維流皆吉。若放支神起禍殃。四維八干赦文水。六秀並要上衙去。生入尅入百口成。生出尅出退人丁。富貴貧賤在水神。水是山家血脈精。山靜水動晝夜定。水主財祿山主人。乾坤艮巽號衙街。四大尊神在內排。是水流歸東大海。惟有巽宮可去來。生尅須憑五行布。要識天機玄妙處。乾坤艮巽水長流。吉神尅入家豪富。尋龍須教認得真識龍方信術精通第一識龍要識穴海裡尋珠為上訣第二要識面前砂斷人禍福定無差第三要識九宮水斷人禍福靈如鬼請驗人家舊宅墳。十墳埋下九墳貧。惟有一墳能發福去水來山盡合情畧叙此篇傳後代。收拾家中藏匣內。莫將輕授等閒人。非人得此生災害。留與有德吉人。看家ゝ富貴光前代。

玉鏡正經幕講禪師傳

凡看山水。有山山斷。有水水斷。山看來勢。水看來朝。山雖本于發峰。卦實定于結局。若無頓峰。則取來龍。如有頓峰。卦則從峰。水雖本于源頭。卦實定於朝角。如無合水。則取橫遶。如有合流。卦則從角。蓋平地以高者為山。山峰為建。低者為水。水際為破。建為主。破為客。主客相配起卦。然後以所得之卦之星入中飛八方。看其生旺關煞。以斷吉凶。如離方有水。便作坎山。坎方有水。便作離山。乾方水近。便作巽山。巽方水近。便作乾山。四圍有水。作中宮論。如一邊有脈路相連者。即以進氣之方為卦。不可以中宮論也。務看鉗抱環遶遠近。活法取之。高山高處為建。低處為破。平地中心為建。水際為破。又以坐為建。朝向為破。建為主。宜來脈活動。豐厚清吉。破為客。宜朝秀聳拔。流神環抱。

九星屬八卦五行歌

一白貪狼號水神。二黑坤土起巨門。三碧震木祿存是。四綠文昌巽木親。五黃廉貞中宮土。六白武曲乾屬金。七赤破軍金管兌。八白艮土左輔星。九紫右弼離火焰。九宮八卦此中分。

八山剪水經

辰巽巳水為乾局。丙午丁水為坎局。未坤申水為艮局。庚酉辛水為震局。戌乾亥水為巽局。壬子癸水為離局。丑艮寅水為坤局。甲卯乙水為兌局。如辰巽巳三方有水。無論來朝、停蓄、環抱、合流，皆為乾局。餘倣此。

九宮八山論

九宮者。推氣運之法也。地運有興衰。得運者興。失運者退。非九宮則無以知之。八山者。定向水之法也。方位有純駁。陰陽相見而吉。陰陽相乘而凶。非八山則無以辨之。故不明八山則不能辨吉凶之位。不明九宮則不能知興敗之時。此九宮八山兩家。雖分而實合。故辨方定位。當以八山為主。然必佐之以九宮。而後八山之吉地吉水。値得運之時而始驗也。推詳運氣。當以九宮為主。然必兼之以八山。而後九宮得運之水得運之局。合八山之吉而始發也。此兩家者。雖各有其用。而實相表裡。缺一不可者也。

三元龍運訣

三元龍運理宜通。上元一白二三同。中元四綠中乾位。下元七赤艮離中。

如上元宜收、坎、坤、震、龍。立坎坤震向。納、離、艮、兌、水則吉。餘倣此

雲陽祖師授蔣大鴻枕中記

山龍

凡看山龍。務尋出脈。脈辨陰陽。方可審穴。一龍特出。收放頓跌。將至大結。星體呈現。或土或金。鐔褥鋪墊。左右護夾。交鎖雙關。前朝如揖。後衛如送。莫問何龍。總名曰陰。洋洋平出。霞布雲蒸。到頭歇脚。龍迴虎抱。中間一片。平坦寬和。或砂或水。界割分明。我穴其中。萬象皆備。莫問何龍。總名曰陽。此二脈者。凡山皆有。其或不分。頑土鈍石。不可穴也。亦有山形。如環之圓。尾抱其首。成一太極。肉氣冲和。堂局深穩。穴彼極中。峰巒肆應。此名內葬。

如或少肉○此山無穴○又有小山○藏大山中○根荄隱隱○氣象安安○我穴其嶺〔巔〕○是名天穴○如或孤露○此山無穴○穴法多端○正變不一○姑舉其要○須以意會○不可執一○登山涉水○忽然有得○地理之學○庶可傳也○

水龍

凡看平洋○先尋水道○水道既得○縱觀外勢○外勢既得○詳觀內形○內形既得○再察地盤○地盤合局○始審元運○元運維何○九宮輪轉○分方遞旺○南離西兌○東北艮位○三方水抱○名為元始○乾門巽戶○二方水遠○五黃得氣○北坎東震○西南坤地○三方水遠○是維元會○

其用水也。有腹有頭。穴腹之法。一字橫平。中間微宕。如月方半。
如弓上弦。流星洩尾。視星之止。此名垂乳。又號御珠。如是水法。
源遠流長。不割不漏。包裹疊々。界抱層々。三吉之方。更有靜照。
風流閒雅。美麗端凝。此等大地。貴盛無比。百中難一。不可妄希。
必欲求全。反招鬼忌。單局清純。亦可以已。是曰平龍。至為要妙。
曾見小儒。未明精義。衝撞走飛。悞人非細。又有邪魔。長生起算。
六煞三形刑罔不具備。如是種々。我皆目擊。故廣仙傳。凡以云救。

雲陽祖師授蔣大鴻八極神樞

一曰清眞。言來脈不雜也。曲直一字。節ミ本宮。不侵旁卦。的的。歸宗。

二曰專一。言來脈不分也。一派朝宗。會歸我穴。凝結包羅。不漏。不泄。

三曰深蓄。言養蔭不枯也。深則注氣。蓄則養胎。積聚深厚。氣脈。兼該。

四曰端平。言形局不欹也。外堂龍體。內堂穴星。左右後托。無側。無傾。

五曰翕聚散不分

言收氣不渙也外來真氣到我近身一口吸入不

六曰環衛堅氣穩

言穴氣須固也受炁成胎穴坐後蔭左抱右拱局

七曰中和脈安安

言立穴適宜也地大須緊地小須寬不寬不緊氣

八曰明淨潔美麗

言穴外無累也四周坦平無遮無蔽無漏無衝光

蔣平階大鴻氏醒心篇

世間萬事半荒唐。風水真機更暗藏。日日尋師求吉地。未明真假反遭殃。　此本天機秘不洩。先賢那敢信口說。天玉青囊盡啞謎。後人錯解非真訣。　我失慈親在早年。誤依偽術地三遷。一朝忽受真師秘。悟到庖羲一畫先。　人人盡說山龍好。識得來龍穴未真。向背正偏倘顛倒。正恐骸骨化為塵。　勸君切莫葬深山。山深幹老性粗頑。四圍障蔽陽和少。穴裡無風氣脈寒。　勸君切莫葬高頂。四面風搖吹骨冷。妄言天穴取天清。總是捕風兼捉影。　勸君切莫葬空窩。山勢灣環圍抱多。只說無風

藏氣暖豈知積水穴生波 勸君切莫葬山脚雖有來形非結
作斜飛硬任總為砂花假星辰情味薄 勸君切莫葬山坡坦
平一片如氊鋪縱有微微浪痕起風摶水瀉奈愁何 勸君切
莫葬墩阜遠山高地牽連就眞脈不來空作堆無骨無筋淨（浮）土
覆 葬山諸病分明說還向君家漏眞訣但尋來脈看生成自
有原形無破缺 蘆鞭倒地木之形穿珠落地是金星土宿玉
屏皆美穴此為上格產豪英 亦有名扦坐正墩應知石脈石
羅紋此是眞龍生變化不然有水抱其身 也有流神疊疊來
即無星體亦成胎凝骨接液栽培的葬後應須出俊才 貫頂

無蹤脈未眞半山浪湧土生紋穴藏息肉雙肩厚不怕伶仃不怕貧 葬山三格誰人識只看本身休看客遠朝近案莫貪求虎缺龍虧何用惜 直來直接脈方粘正形正坐四肢寬若下偏斜兼側勢頂棺無氣一肩寒 更有石龍并石穴乃是幹龍眞大結世人何德可承擔高着雙眸慢〻說 十山不及一平洋江北江南富貴鄉曾見世家諸祖墓大都平地少山岡 只將水脈作龍看大幹小枝須辨確水若行時龍亦行水若歇時龍亦歇 第一莫下大水際雖有灣環氣不住另開小水界其身一派汪洋皆翕聚 第二莫下衆水門人言諸水聚天心數

道分流脈渙散。風飄。水蕩。絕兒孫。　第三莫下朝水角。水來水去情如劇。雖然橫界不兜收。一旦失元無救藥。　第四莫下田角尖。水斜反射似火燃。今日安墳明日哭。兵刑火盜疫瘟連。此言幹水不堪穴。支水之中亦有嫌。形若尖斜成火曜。近身反去損胎元。　池塘湖沼真龍脈。曲水朝迎卿相格。一灣一轉須有情。下着蓬門換朱戟。　不分前後與旁邊。坐向端然看水瀾。根〔恨〕殺時師下斜穴。欲朝客水遠峰巒。　總之地貴金水土。切忌直木與尖火。不論地形及水形。偶一犯之未見可。　況乎地好尤賴時。三六旋移應早知。得令者興失令敗。天元歸厚露微詞。

真人指點天機秘。撥霧披雲始見天。更憫世人都夢寢。慨然

再作醒心篇。

蔣平階大鴻氏神火精

土實氣空靜則動〻則氣縱龍亦送大塊不空氣不通〻不知窮何處弄自是時師眼力庸兩水便道夾真龍若是脈還差一線陰陽交戰禍來重陽和萬類皆有育陰慘萬類皆被戮要知育是神火精戮是脈寒水脫幅世人那識神火精真火原從水裡生叅透元空奇妙理水中火氣焰騰〻善識火者搆其光上下四旁皆有芒太近太遠光不接〻得無傷百物昌接脈下手竟如何尺寸分明界不糢逐宮合得真經緯元氣氤氳養太和

三元地理真傳卷之一終

樹 當作檢

歸厚録成上奏

玉帝表文

伏以

出洛浮河。玉樹啟先天之秘。分星布野。金函括大地之靈。上以肇國開邦。下以康民阜俗。作者謂聖。述者謂明。代不乏人。天無私予。自公劉豳居胥宇。左相洛筮定都。既心知其義而測以土圭。猶口秘其文而歸之卜筮。知

造化不容輕洩。故上哲慎而無言。自黃石遇於當年。而青囊傳於人世。郭景純得之授受之正。楊筠松獲之兵火之餘。天

府鴻藏。散流六屬。英才間出。傳習百家。然皆微顯雜陳。真偽錯出。得書不能得義。傳訣未必傳神。至於我　明其法彌隱。劉基得之玉笈。獨有真書。　太祖收之石渠。遂無世寶。於是人淆瞽說。家述偽書。二百餘年。朝野多黙符之理數。萬歷中祀。生徒開賊亂之文章。元珂痛聖學之不明。致生民之日弊。童承祖訓。記誦堪輿之言。壯值母亡。胼胝山川之險。更数師而不得其旨。歷萬疑而愈失其宗。

帝鑒其誠。人懷其覺。遇真師於外方。授正義於掌中。加以數載研慮之功。始有一端靜照之識。自知小器濫受

造（當作）告

臣再從叔翼明者

私門（當作）師門

鴻恩。心戰戰而匪寧。意皇皇而靡怠。未敢洩之於世。蒙其顯誅。況敢造之於家。徇其私願。但念臣祖宗數世慎保良心。宗族一門。咸非巨惡。痛遭出亡之禍。遂絕報本之途。使朋友皆獲吉阡。而父兄反歸凶壤。雖云人數。實重臣辜。臣再從。。者。孝友無虧。寬平不戾。來叩形家之矩矱。以爲葬父之津梁。臣著授一書。厥名歸厚。將以閟之家廟。詔彼後人。非種不傳。惟賢是予。臣以私門禁戒。恐犯刑威。敢望

天闕而陳情。伏冀

帝慈之肆赦。神靈衛翌。石函永作家珍。哲嗣闡揚。玉鏡常懸聖
諦。世世生挺孝凝忠之地。葉葉產濟人澤物之賢。庶幾不
負
玄恩。無傷愚悃。苟或後世違臣明誓。褻玩靈文。仰惟
神威。褫其精魄。聿昭
憲令。臣元珂無任悚惶待命之至。謹奉表上
奏以
聞。

歸厚錄凡例

一是書原本乃遊洞天時得遇真仙傳授秘訣非人世所有皆天宮之秘故不容輕傳於世

一是書所採擇者玉鏡經千里眼夜光集郭氏水龍經天玉經剪水經三字青囊經諸書而已皆人間所有一經搜討其精微已盡於此諸書皆屬糟粕

一是書乃楊曾廖賴諸書正傳近代幕講禪師尤精其理劉文成謝黃牛乃能合轍年來惟海鹽吳天柱頗明九龍之理曾師事之更得真傳又益所未曉之四始為全璧惜不令吳君

得見其未足也

一是書正文已包大義而其詳曲盡在註及圖例雖註屬門人沈生手筆實予親自訂正半義不訛若非此註依然闇室學者毋以師弟淺深妄加分別也

一是書諸圖皆舉一二以見千百不能盡繪出者以例推之觀者善通其義勿以跡象拘泥致失作者之意

一盤法止用正針二十四道立局向水皆准之分金止忌干支交界處以防混擾餘者不必紛紜故不論列

杜陵大卷子蔣平階自述

雲間蔣平階大鴻氏歸厚錄　檇李沈億年秬承氏註

氣化

一元氤氳。生天立地。化育萬物。惟人為貴。天降陽精。地載陰魄。陽精為氣。陰魄為骨。兩儀倫經。五行全質。乃具三才。乾坤始立。天有混刦。人有死年。升陽還虛。留陰反泉。是曰歸藏。葬禮具焉。金玉非寶。石槨非堅。茍求厚葬。擇地為先。既得吉兆。裸葬何嫌。地之真炁。與天元符。與魂魄合。反精導和。二曜周環。五行相摩。朽骸復生。美色燦華。靈魂休暢。翔步玄都。九九無傷。飛昇太虛。子孫精魄。祖父育養。如彼草木。布種在秧。根荄膏澤。枝葉光朗。

其本或撥。枯落夭枉。吾觀凶葬。棺槨覆崩。螻螘所食。寒泉所凝。
狐狸毒蝎。竄穴是憑。骨化怪異。冥靈不寧。子孫絕滅。宗祀用傾。
此理不誣。賢聖所敎。盡性窮神。造端地竅。世有豎儒。高視遠蹈。
不相厥宜。棄親於道。且云禍福。上士共笑。詎意覆宗。翻成不孝。
亦有狂且。狎天貪眊。否德不臧。侈求地寶。彈指輕謀。終無明效。
惟彼哲士。體道通原。地名法象。心曰先天。先天已立。法象自全。
心為天地。詔我後賢。

此章言人與天地。同是一元之氣所生。人身一小天地。具陰陽五行之妙。既沒則陽升于天。所存軀殼。即是陰魄。復歸於地。所謂葬也。既葬之後。又能以日月五行陶鑄之靈。生其既死之魄。朽骨復靈。久而不傷。至陰之魄。變成真陽。飛昇天表。此其最上者也。子孫之精魄。即祖宗之精魄。故死者受氣。則生者昌榮。此本根枝葉。一氣相通。不易之至理也。上之為聖為賢。成仙作佛。雖於性命立極。疑非陰陽所能拘。亦必其先人。能受山川靈淑之氣。而後乾坤道寶。萃於其躬。下此而祿位名壽。無一非地之所司。古人首重此義。惟以安親報本。原非邀福私心。但祖孫一氣感通。先靈之安與不安。托之渺茫。無從可驗。故即子孫之隆替。卜祖宗之安危。世儒動云、我非求福。惟入土為安。輒以委之凶地。或致翻棺覆槨。螻蟻寒泉。骨殖化為怪異。祖宗陰魄消散滅絕。卒有覆宗絕嗣之禍。豈非不孝之大者乎。然大德受大地。小德受小地。不德受惡地。天有一定之律。若狂妄之人。不知修德。妄希大地。鬼神必塞其聰。將以凶為吉。轉福成殃。誠可畏也。蓋心是太極。地象陰陽。太極既妙兩儀。是從山河大地。總是一心所化現。苟能修德。存心則我本來之地。已吉自然而得吉壤。此又我師先天之學。立乎陰陽五行之先者。所以諄諄而誡後人者也。

分用

稽古鴻蒙。未分九地。水火二炁。升降虛元。坎離一交。乃構乾坤。陰闔陽闢。剛柔相函。或凝為山。或流為川。地血為水。地骨為石。葬山依骨。葬地依血。山若離骨。水泉砂礫。地若離血。瀉鹵磽确。山亦多石。地亦多水。多石之處。葬皆不美。多水之處。吉凶難理。石多則亂。水多則渙。石亂難降。水渙皆畔。亂石可葬。渙水可按。可葬之亂。亂而不攏。可按之渙。渙而不散。不散不攏。大聚之驗。骨體堅定。水脉流行。堅不可傷。流不可凝。疏瀹宣導。與性合成。言龍言脉。皆是強名。至人察之。覺照孔明。

此章言人知乾坤交而為坎離。不知混沌之先。未有天地。不成乾坤。止水火二氣、為真陰真陽、升降虛無之表、隨元炁而上下、道家所謂梵炁也、此炁摩蕩不已。其清虛者日上而為天。其重濁者日下而為地。所謂坎離一交而乾坤成也。然乾坤之體。雖判然二物。而乾坤之炁則日夜交攝而不已。一闔一闢。互為剛柔。剛者為山。柔者為水。石乃地之骨。水乃地之血。人稟水火之炁以生。故其死也。骨血復還於水土。制為葬法。葬高山則石是生炁。葬平洋則水是生炁。得生炁者吉、失生炁者凶。然高山在在有石。平洋在在有水。亦有葬石葬水。

猶之不吉者。何也。知、水、石、而不、知水、石、之用、也。石多者粗頑駁雜。水多者脉亂分馳。所以不吉。亦竟有雜亂而反吉者。則、襍、中、自清、亂、中、自理。散、中、自聚之故也。今人但知葬乘龍脉。不知高山石龍則有脉可尋。平洋一片。有何脉息。只以水之流動處為龍。故經曰、山羣以山為龍。水羣以水為龍。人能於水中求龍。不以地之實處求過峽轉關。則得平洋之眞訣矣。凡山脉之堅剛。乃天造地設。一定不移。葬法絲毫不可虧損。任其自然。無容勉強。水則動而不靜。流而不息。原無定跡可變吉而為凶。亦可變凶而為吉。大局既定。不妨小、小、改作。以、就內局所當填者則填。當瀦者則瀦。既填既瀦之後。與天生之局渾合為一。初無缺陷。所謂裁成輔相。能奪神工改天命之作用也。且水既以動為用。理當導之使行。所以去水之地。愈去愈清。愈清愈美。庸術不知。以蓄水為得蔭。乃從下流禁遏。尾閭不通。血脉不貫。便成死龍矣。蓋平洋惟以水為真炁。得此真炁。與山之真龍。福力無異。夫天一生水。是坎中一點真陽。化生萬物。故木非水不滋。金非水不清。土非水不潤。火非與水相濟。則燥極而自熄滅。五行以水為本。此即先天之妙。萬化不窮者也。平地舍水而言龍脉。乃強立之名。切不可

拘泥高崗關峽。而反失真元之炁。是非至人、孰能究其精奥哉、

幹枝

水既成龍。還分幹枝。大江千里。起祖之基。百里十里。宗派流澌。一里半里。小枝之餘。氣接大幹。建國封圻。氣接小幹。公卿累〻。氣接大枝。甲第逢時。氣接小枝。富庶可期。屈曲生龍。鍾靈孕奇。勁直死龍。去如土灰。滯〻痴〻龍縱福亦愚。條〻現龍。雷奮雲飛。單龍生羽。自變自孳。雙龍並駕。樂得雄雌。一龍衆子。並蒂二岐。胞胎之厚。元精未虧。慎勿貪幹。幹〻老則危。幹復生枝。其幹乃滋。慎勿棄枝。愈細愈宜。一枝獨榮。衆枝皆輝。衆支同榮。遠幹悉隨。

幹之動處始有枝萬支之合處幹氣不離來者為公去者為私

公是過客私是主持衆水雖聚一水發機發水之所與衆不齊名曰化炁噓吸歸臍徵茫渺忽太極所胚此是元竅妙入希夷希夷有朕非神勿窺

此承上章言既以水為龍則水龍便分枝幹千里百里至一二里皆以得水遠者為幹得水近者為支而福力分焉然必曲屈活動而後謂之龍不然雖有水而盡屬死炁支幹皆不可阡若半死半生則棄死就生亦可發達亦有大湖大蕩略有兜收可葬而內炁未極秀（深）砂體却有美豔謂之痴龍但發財丁而少俊秀條條之水有首有尾關闌緊密望之可見

名為現龍。遇時升騰。可以變化。單行之水。雖少輔佐。止須本身曲屈旋繞。或別生支節。便是羽翼。其氣自能交媾。雖單不獨。雙龍雌雄交配。久而不替。更不待言。亦有一條單水。其間兜收不一。行如瓜瓞。止若節苞。一地之上。或二穴三穴。不可限數。此是胎氣深厚。故養育衆多。只要各自成局。主客相應。此。既。能。收。彼。亦。可。攬。則同阡並發。不相違背。亦無減力之患。今人但知幹龍之貴。殊不知幹老反不生育。須幹上又能生支。然後幹氣始藉支融液。反能接幹之氣。如老夫得少女。枯木生柔條。而後能懷孕生子。生花結實。小支與幹不隣。疑其氣弱力薄。不知脫卸深藏。愈細愈妙。但此支三三兩兩六六五五等質不齊。不相統攝。又不可成地。必有一水獨結而衆水皆為其用。若能使衆水翊衛一支。必是極大結局。併遠來幹水。亦皆環繞迎朝。全力凝注在此。斯上等之龍矣。幹之動處二語。足上文慎勿貪幹四語之意。支之合處二句。足上文慎勿棄支六語之意。來者指通行之水而言。雖大聚亦衆人共得之水。故曰公。公者但可借為外秀。故曰客。去者指浜底從中流出之水。雖一滴。亦是本身元神精華妙液。繫貼吾身。故曰私。私則托命於此。將此真為將帥。以控制八方砂水。

為其兵卒。故曰主持。由此言之。則衆水雖有吉局。非此一水。吉局全無靈驗。然則發衆水之機者。此一水也。若此水而亦與衆水同。其大小同。其長短同。其形勢。又安知孰為主孰為客哉。必也衆大獨小。衆小獨大。衆長獨短。衆短獨長。衆直獨曲。衆斜獨正。衆死獨活。而後生焉。獨聚於此。此為真龍。而餘者皆其輔佐矣。但此水之妙。在微茫渺忽之間。即造化之太極。人身之元竅。變變化化。皆從此出。故曰化焉。世目遇之。迷離恍忽。無可致辨。而又確乎有可見之形。可據之理。非幻泡之談。學者神而明之可也。此章極言無支水不成化焉。縱有大局。亦不能收。其丁寧告戒之意切矣。

圖例另錄為一冊

胎息

龍以幹行。穴以支結。〻龍之水。更辨胎息。幹水有息。幹炁已鍾。支水無息。支炁終窮。何謂息道。觀。水。轉。環。轉。處。不分。元。精。內。涵。一。轉。一。息。一。息。成。胎。息。多。胎。足。磅。礡。雲。雷。若見分流。內環外掉。滋液滲泄。物華中耗。雖有轉形。止名漏道。息道炁聚。交雄媾雌。漏道炁絕。鳳瘦鸞飢。惑此二道。龍穴安知。

上章既分水龍幹支。此章申明支水幹水。各有結與不結。不得概以支水即是結炁也。若有胎息。雖是幹水亦為結炁。若無胎息。雖屬支水亦不結炁。息道者。水。之。屈。曲。轉。灣。處。也。然轉處。又。須。毫。無。分。行。滲。泄。乃為息道。蓋水脈一轉。則地炁一蓄。若有二轉三四轉。其地之真炁。蓄。養。純。全。胎。元。滿。足。葬下立發。福澤悠久。或其水雖曲轉。而轉角之處。別有分流。兩路三叉。則元炁散失。謂之漏道。豈有龍胎乎。大都幹水行龍。須幹有息道。而後龍為真龍。支水結穴。須支有息道。而後穴為真穴。小幹有胎息。亦可立穴。不必皆支也。若無胎息。并不名龍。何況求穴。世人但知曲水為秀。更以通流會合之處為龍神蓄聚之鄉。終不能知息漏二義。滔滔天下。無非盲瞽。豈不哀哉。

辨象

天有列星。地有群生。群生之體。因宿象形。无精不曜。无貌不呈。山星易曉。水星難明。吾為指出。覺爾迷情。圓者金形。直者木體。銳者象火。波者象水。方正端平。中央之母。五行之中。各有趨避。或獨或兼。變化无紀。不惟五曜。亦有星垣。五曜散陳。得一則尊。星垣合義。倚蓋拱門。三垣帝座。二十八藩。藩中一司。坐下一官。有類之者。秉憲執權。隨星所職。以效靈源。星垣下降。化而為物。為龍為象。為龜為鼈。或似鳥翔。或似獸立。或象制器。或象寶玦。萬類千章。不可名說。女貴男榮。文僚武列。各蘊禎符。辨之勿失。

垣主外勢。星主內炁。垣不得炁。垣為虛器。星不得垣。星能自制。
若借外垣。威神不世。語子淵徵。當籌本計。識星為先。莫貪垣勢。
天垂象。聖人則之。五帝三王。朝常典法。生民日用。皆天象所
具。飛潛動植之物。亦莫不然。惟地承天。天地之所有。天已懸之。
山形有天星。水亦有之。但人知山星而不知水星。且有專以
地形名星。所謂眠倒星辰。豎起看者。亦未全盡。故指水星以
覺群迷。此救世之津梁。人間之秘寶也。五行各有本形。穴中。
惟取金土。乃為正結。木須裁剪。水星須穴外變出為佳。火星
忌用。但可外砂。五星亦有兼體。隨形變化。蓋兩儀之內。惟有

五行。所以一事一物。無不具備其象。人得一星之精華。便可備五行之妙用矣。天象五行為緯。二十八宿為經。而三垣者又其主宰也。然垣宿亦不離五行。水龍兼星之體。即成一垣宿之局。又借外水以為蓋照拱抱。構成堂宇。廣闢門墻。即是垣局。然三垣列宿。亦不必具其全形。或得其中一星貴秀。已出群表。其星所應。即以天星所主驗之。能上應星垣。即下應萬物。動植鳥獸。制器寶玉。无一不具。官之崇卑。職之文武。唯義所應。畧備玉髓真經。與山同斷。總之外有垣局不可無。內星。以。立。穴既有穴星。即不合垣局。而元氣周圍。大發何疑。故戒學者先須近察穴星。不可遠貪垣局。亦與前章支幹之論。表裡發明耳。此篇圖局。有抄本水龍經二卷。極詳。可以考証無漏。

乘龍

脉就形成。何法裁之。乘龍之法。宏農郭氏所遺。龍有身首。龍有背腹。龍有龍尾。龍有爪足。身是龍行。首是龍止。水轉為腹。水出為尾。短淺小支。掌足是比。幹龍方行。轉多烝鍾。法葬其腹。與支同功。最忌背脊反畔不充。若水太巨。雖腹莫庸。復求支水輔幹藏風。母龍乳子。其樂融融。大吉之葬。能產豪雄。支龍息處。烝盡於首。木杪露花。花梢烝厚。方葬其耳。圓葬其口。最忌顴角胡頷并咎。支盡強直。見首反醜。求腹取裁。請觀其受。幹上小支。掌足之形。法葬半盡。懸珠肘亭。忌葬其爪。太過斯傾。亦忌葬脛。不及則崩。詳求其息。三格溥平。

前章既明胎息真脉。復詳星象真龍形穴之道。思過半矣。然其間秉龍裁穴。必有下手作用。晉贈宏農太守郭景純先生遺法。至今存也。其法以水之行者為龍身。以支水止者為龍首。以支水出口處為龍尾。以支幹曲轉處為龍腹。以小支止處為龍足。皆因象取義。不可拘執也。幹水雖是行龍。若有幾轉。則真炁藏蓄。胎元已足。就腹作穴。與支龍力量相等。即前章所謂幹水有息幹氣已鍾之說也。若灣抱之外。反突之處象龍脊背。全無包藏充實之炁。斷不可穴。丶丶之敗絕。然幹下穴。兩岸相距止十丈左右。乃可就腹取裁。若太濶太至於二三十丈之遠。便名江湖。止堪為結龍之地。不堪為結穴之區。倘就腹下穴。雖極環抱。亦不能發。所謂幹龍氣散難求穴也。須別求近幹支水立穴。而以幹為外抱。則子母相從。有乳養之義。必生豪傑。建立大功。福力龐厚。非小〻富貴可比數矣。支龍之所以取盡者。其支長大到盡頭環轉。如木杪花梢。得雨露之潤。英華發越。脉盡氣鍾。其形方者。兩傍有耳皆可下穴。從長酌取。其形圓者。圓處是口。止下一穴。若當止水鋒頭正中。是為龍顙。水直氣冲。止水鋒旁兩角。是為龍角。其水

偏射。皆木火之交。斷不可穴。其圓水環抱之外。形象胡領。其
勢反背如頷下逆鱗。豈可攖乎。亦有支水盡處。其形醜拙。斜
飛反擴不成星體。雖下龍首穴。須退出別求龍腹可受之處
立穴。又不可拘盡炁穴也。更有幹上小支。水道短淺。不成龍
身。止作行龍掌足而論。其立穴又不可求太盡。以水脉不遠。
兜炁不深。到盡處反無力也。穴下半盡之處。是為中炁。脉就
兩平肘上懸珠。亦是取象。不以辭害志。其太盡處為爪。其曲
突處為脛。太過不及。皆不可穴。其法雖有幹龍大支小支三
格。穴法不同。然。總。以。息。道。為。憑。三格皆得其平矣。再四丁寧。

而要歸於真息。學者不可不察也。
水冲龍背其發必驟若失元運立見衰敗

御極

穴以御龍曰惟三極據水在後騎龍之格倚水在旁挾龍於腋親水面前攀龍之的若逢四隅不離三式依形化裁因勢取則上格騎龍氣蔭腦宮中格挾龍迫脅當胷攀龍湧泉久久真通二法雖亞但貴氣鍾炁鍾之穴與上齊功更有後蔭歷数無窮我扶其徵天驚地震氣周八國安取後蔭至道根荄造化所吝人禀元陽藏神泥丸泥丸九房大帝宅焉為乾為鼎鍊骨成仙比及物化魂升於天元精未滅天靈伏潛若水蔭頂養魂得全朽骨復榮魄散再圓子若悟之神超象先葬邱首邱葬流首流

山脉接骨與山比
道水脉接骨與水比
悠後蔭之法徹分近遠
迴紫抱黄義尚環轉
息道後抱哉生月滿
漏道後抱死魄流湎

三極一元眞胎是產

此章言龍穴已定而坐向所以統御龍穴隨形立極亦有三焉坐後據水為騎龍格兩旁倚水為挾龍格穴前向水為攀龍格若穴落四隅因勢立向近前者為攀龍近左右者為挾龍近後者為騎龍總不出此三格也惟騎龍穴法後水正蔭腦宮為最上格挾龍格水在兩旁烝從左右來正當胸脇格法次之攀龍格水在穴前烝入湧泉其烝稍緩格法又次

之。二格雖不及騎龍。只要胎息氣鍾。與騎龍之格。原相伯仲。若立穴處。依水向水。而外局更有後抱。即與騎龍一體。不分輕重。發福悠久。豈有窮時。夫此穴後抱水一法。千古不傳。我師特為指出。智侔造化。天地亦為震驚。非世間術數之書、可望涯際。若論乾坤元氣。周流八方。葬法隨方可取。何故求諸後蔭。蓋因人身一小天地。元首象天。乃陽神所棲。泥丸九宮、諸天帝君所都之境。丹家以首為乾為鼎。九轉丹成。陽神破鼎而出。即為天仙。人之死也。魂升于天。亦從此出。身雖已死。而元精尚有毫髮未盡澌滅。潛伏天靈之內。一得天一眞陽水焉。灌注蔭養。天魂再生、死者不死、而子孫蒙其福澤矣。若悟此道。豈非回骸起死。功侔造化者乎。蓋葬法未有不歸重於天靈者。葬山則頂接山脉。而後山焉斯為我有。而與山比邇矣。葬水則頂接水脉。而後水焉始為我有。而與水比悠矣。未聞葬山者向山而穴。則知葬水者之向水皆謬也。倚水穴。氣自旁而入。是從胸脇透入天靈。其情相親。向水穴。焉自湧泉入。徐徐灌至天靈。其情較疎。其應較遲矣。須有後抱外水兜收胎息之焉。則其眞息之自旁而來自向而來者。一遇後抱。捲而逆上還歸腦宮。所以與騎龍一體而論也。夫後蔭非穴後有水。即為後蔭也。須。後。抱。者。是。眞。息。之。水。應哉生魄。腦滿而發也。若後抱者是漏道之水。雖其形似抱。亦空抱而已。應旁死魄。腦炁泄盡。如何可發耶。是故息道、在、後。漏、道、在、前。名、為、坐、生、朝、死。富貴之穴。若息道在前。漏道、在後。名、為、坐、死、朝、生。縱有結炁入穴。小發而已。不旋踵而衰落。驗諸舊家故墓。罔不然者。夫同一地也。而坐向一差。千里之謬。有如此者。然則向法可不慎哉。

巨浸

亦有一方。汪洋巨浸。雖曰癡龍。豈無良殯。湖蕩沼池。為子覆論。縱不生支。亦能積潤。遡其根苗。實從元運。裁穴之法。亦有真機。若穴池沿。方矩圓規。氣乘其橫。中正等夷。大湖大蕩。中炁推移。測生測死。目巧在微。變化之妙。義同幹支。衆水浩浩。一隅可噏。衆水奔趍。一隅曲入。一噏一入。衆水駐蹟。水聚砂面。渟渟滴滴。不散不漫。真炁已蟄。乘元蔭後。釀福飈疾。此是真息。與支為匹。若無真息。穴坐其圜。倚借外勢。望之淵淵。形與衆殊。彼媸我妍。日引月長。福必待年。三吳江楚。天澤連綿。世家墓宅。亦產英賢。

驪黃之外。用綴斯篇。

註曰。如一方池。橫處看則為土象。直處看便為木象矣。員池亦須微〻橫濶。乃為金星開口。太員則周圍無受穴處。是須金何處下手。凡此池沼立穴。須在水之中炁左右相等。平正端嚴。而後炁脉涵蓄。若立局斜(偏)或邊輕邊重。是無真炁。不能發矣。大湖大蕩。則葬法又宜精密。蓋其勢漫散。雖立正中。猶難聚炁。須棄死就生。亦從支幹之理變化而來。但與江湖溪澗之支幹。形象迥別耳。假如外蕩濶大。而有一隅内蓄小蕩。與噏水入口相似。又如外蕩直奔。而有一隅稍〻曲入。其間有砂角闌攔。外來衆水。即於此駐足。是即大蕩為幹。小蕩為支。大蕩為漏道。小蕩為息道。是即龍胎。是即貴地。若得乘元運。又有後蔭。葬下立發。豈必以湖蕩為緩局也。又有一種地。既無內蓄小蕩。亦無曲水入口。而坐於土圩圍處。形如滿月。亦是吉象。更借外砂翌衛。望其大蕩之水。對穴淵渟。雖屬通流。因有外砂。便不消散。迴與他處不同。則衆穴賤而一穴貴。理所必然。三吳江楚。此等地局。發者甚多。故特發明此篇。使學者須知妙用。不可概以痴龍忽之也。

注受

局氣之理。實水注受。親水於離。坎脉斯有。親水在兌。震氣入口。

以及八宮。宮ゝ可剖。土雌水雄。相為牝牡。亦有變氣。以疎奪親。

浮光露影。地炁轉輪。親水在乾。疎水在坤。内炁轉巽。外炁艮分。

八宮化現。二耦三隣。但有水現。炁即交侵。兩歧連理。駢拇雙姙。

莫論一局。失命喪身。小大重輕。以別主賓。親者宮神。疎者照神。

照神有二。目接斯眞。滿照瀦漾。動照通津。照本賓位。宮乃主人。

主勢剛健。驕客伏馴。賓勢威大。主權不振。主賓交勁。此謝彼新。

詳觀近遠。以時屈伸。乘氣之法。莫或旼ゝ。

註曰、夫八宮立局取炁之理。本以貼水接脉。水炁注受。雌雄交媾而成局也。貼離水為坎脉。貼兑水為震脉。八宮以例推之。此定局也。亦有變炁為局者。如局外特出踈遠之水。浮光露影。奪其局中之炁。或貼乾水立局。本是巽炁。而坤宮有水現。則為內巽外艮。凡八宮立一局者。有他局水現。皆能奪本局之炁。以至二水三水。参差並現。無不皆然。若止執近水一局而論。如葬兑而變震。下元必衰。葬巽而變兑。中元必敗。求生得死。求盛反衰。未有不失命喪身者。今人但知為合元之地。豈知有失元之炁。以奪之哉。其中必當權其輕重大小。以斷賓主相勝之數。蓋親水內局。是為宮神。疎水外局。是為照神。照神亦有二等。通流曲折處為動照。蕩漾積潴者為滿照。二照力均。揔以目能望見者為真。望之不見。其力微矣。夫宮神為主。照神為賓。本是定位。然須宮神水道深濶。更有重重息道。而後主勢剛健。外來照神之水。終是浮泛。不能奪之。故當主局元運中。不被其害。若照神之泛。過於宮神。宮泛又微薄弱。主不能制。強賓正當主局元運中。必難發福。直待照神所旺之元。乃始暢達。亦有宮神照神主賓齊勁。則一局萎謝。一局更新。反成三元不敗之地。更須參其尺度之遠近。以決發福之後先。大約地炁之應。自近者始。宜於本元水近。他元水遠。然後葬下自近及遠。以漸蔭發。斯為順理。若本元之水遠。而他元之水反近。則初葬之時。終嫌本局不得旺炁。難求速效矣。囑學者慎勿汶汶於此。致失趨避之巧也。

還元

厥初生民。男女媾精。天魂地魄。交癸抱壬。稟籥母胎。百日成形。
十月胎圓。出腹產嬰。弦望之數。上法天行。命盡氣歇。陰漓陽逝。
魂越泥丸。魄沉湧泉。百骸僵仆。血凝髓寒。亦彌小朔。海竭河乾。
葬埋之法。反天入地。接續元陽。魄陶魂鑄。若得佳城。死而不死。
葬乘旬中。髓有餘溫。葬乘十月。髓液未泯。地脉灌注。枯木復根。
一期三載。葉ゝ枝分。此猶不葬。朽敗空存。雖有吉壤。否隔不仁。
久ゝ蒸噓。嚴霜乃春。若曹凶葬。改偽移真。敗炁充斥。體魄成塵。
非歷年世。瑞應昌臻。古之葬禮。周孔所作。天子七月。士庶踰朔。

暴棺棄屍。子道之薄。陰陽拘忌。下愚不學。莫嫌渴葬。敢問先覺。

此章專言既得吉地。貴乘初喪急葬。接續生炁。還元返本之義。以人之懷胎。十月胎成。故人之告殂。亦十月髓竭。死者陽元已升於天。葬得吉地。反天炁以入地中。如入爐冶。魂魄復聚。須及其髓液未竭。乃可與地脈流通。如接木須新剪之枝。若經宿炁泄。豈能活耶。葬法七日內最佳。七七猶可。斷不可過十月。若更遲至一年三載。雖有吉壤。何從接炁。必得葬下久遠。枯者漸滋。而後徐徐蔭應耳。若曾於凶地葬過。改遷吉穴。前之敗炁。充滿骨間。精魄散盡矣。直俟惡炁全消。吉炁乃

入。庸可以歲月計哉。今人緩葬。亦有数端。其賢者以不忍其
親。難於急葬。不賢者又置葬親於度外。或停棺在堂。或權厝
別地。暴露多年。真同棄屍。又庸師瞽術。拘忌山向。一家百口。
年命形冲。此吉彼凶。終無葬日。試觀古禮。天子七月而葬。諸
侯五月。大夫三月。士庶踰月。豈皆忍者。亦何嘗有山向年命
之紛紛。如後世者耶。古者拘忌少而世道昌隆。後世拘忌多
而祿祚淺短。甚矣其愚也。亦折衷於古之先覺可矣。

審運

日有中昃。月有虧盈。地有衰旺。家有廢興。天道之常。物無遁情。朝而鼎食。暮而殘羹。運逢忽敗。智者先明。朝哭于巷。夕歌于庭。運逢驟進。愚者莫驚。其運唯何。九宮之次。上元一統。黑碧佐治。中元四統。五六鼎峙。下元七統。八九迭制。元中正運。元外餘氣。餘氣既竭。王公輿隸。地力敦厚。星曜全強。康衢奮步。險道可航。地力偏薄。星曜踳駁。福來不全。禍來絕索。一衰一旺。休咎相代。兩衰一旺。ゝ不能載。兩旺一衰。ゝ亦何害。下士失時。河清難待。上士乘時。援師救敗。移易陰陽。更張莫懈。更察星方。以防其潰。

此章言天道無百全之數。故有陽九百六之災。雖至美之地。不能有旺无衰。雖至德之家。不能有興无廢。禍福倚伏。盖有不得而逃者。全倚乎三元之運。運旺則單門驟發。運衰則久貴忽傾。人但見止此一宅。止此一墳。而前後之不相蒙如此。反以地理為不足信。豈知墳宅不更。而元運自轉。陰陽之道。間不容髮。惟智者為能先覺耳。元運者。上元甲子。以一白坎為統龍。二黑坤。三碧震輔之。共主六十年。坎先管二十年。甲申入坤。甲辰入震。各管二十年。然雖有未來過去。發福先後輕重之不同。在一元之中。則皆乘旺。然中元甲子。四緑巽為統龍。五黃中宮六白乾輔之。主治亦如前。下元甲子。七赤兌為統龍。八白艮九紫離輔之。主治亦如前。歷驗已往之地。則上元三龍在中元未嘗不發。蓋中元即上元之餘炁也。天啟甲子以前公卿驟發。及有素窘而橫財致富者。皆四五六之地。一交甲子。巽地忽然敗絕。而兌地皆發。甲申乙酉之難。凡被禍者。必五六之地。則知巽無餘炁。黃乾餘炁止二十年耳。今之趨時得志及自守保全者。必兌艮離也。坎至此時。有存有亡。坤盡亡矣。震亡多存少。陰宅四餘十之二三。陽基則盡矣。夫同為已退之運。有參差不齊者何哉。嘗聞之吾師云。坎離為天坤（地）之中炁。中男中女。即先天之乾坤。中藏戊己真土。故三元不敗者多。震木以壯而根深。兌金以少而堅剛。且日月之門。戶春秋之平候。故亞於坎離。艮之象為山。山山不可移。其質堅矣。故其久亦比震兌。而乾為老亢之金。坤為既產之土。五黃廉貞之火。亦無根源。依物而炎。故皆不久。巽為稚木。奇花爛熳。不耐風雨。尤為易衰。大約上元之龍。並旺中元。中元之龍。亦旺下元。下元之龍。嘗有餘力旺於上元。此定運也。我生去上元已遠。元可考驗。以俟後賢而較正焉。然龍運雖定。而尤當以（地力）消詳之。若地力厚而星卦純。雖入敗運。止于不發。尚可自保。地力薄而星卦雜。雖入旺運。縱發亦多顛躓。五福不全。且有一墳一宅之家。則无牽制。巨室墳宅不一。則又當參觀。若有兩地。一衰一旺。互相抵當。而享平福。又當審其力之大小。以決勝負。一衰不敵二旺。則旺能為福。一旺不敵二衰。則衰能為害。余嘗見處衰宅而發者。必有佳墓。亦有葬衰墓而發者。必有佳宅。或遠祖墳正得炁。而新葬之禍未彰。或新阡美而不發。或舊墳之凶煞未除。要之上吉始能雪小凶。而祖禰更切於高曾耳。作者求失元之大地。不如得及時之小地。人壽幾何。待其去衰入旺。身與家已敗矣。慕講禪師常教人開塞以就本元之盛。真良工苦心。但須斟酌星卦之合否。而後從事。切勿妄動。自致潰敗也。

定卦

在昔神聖。天錫圖書。先天後天。表裡默符。立體致用。一元所孚。本无兩象。豈曰分途。八卦之方。九宮之位。辨色定數。飛居都會。斗杓應之。以旋元炁。管握四時。充塞函蓋。干則有十。支盈其二。二五居中。四維寄峙。二十四道。燦乎不昧。遡厥原初。實惟卦體。高山有絡。〻則分經。平地有炁。〻則同情。茫〻庸術。干支徑庭。至人秘寶。隱而不評。吾今敢泄。蒙害救民。嘗發大願。忍干天刑。丙丁皆離。壬癸皆坎。四正四維。同歸畔岍。正以干輔。維以支贊。陰陽截然。不相泮渙。何以乘之。匪閑匪峽。亦無起祖。亦无轉結。

隨地成龍。隨地成穴。滴水先到。真炁拈攝。水脈不離。骨親肉貼。既知辨局。更畏失胎。失胎之處。一毫以乖。艮與巽。震類兌。與乾猜。天卦皆凾。言之可哀。分星定位。一謬百危。欲求珠貝。乃得塵灰。此詳堂炁。分別加挨。羅經一定。便入纖埃。亦有兼宮。星符偕好。一胎所育。兩嬰懷抱。此良彼戚。盛容顏難老。旺炁兩來。三息四道。交媾噓吸。陽施陰抱。是在格全。傾欹勿寶。辨清辨雜。斯為卦要。

此章言河圖洛書。雖有先天後天體用之分。實則一元而非二象。地之用洛書。九宮乃先天河圖也。八卦定位而九宮飛行。所以象斗柄之旋轉。此理充塞宇宙。无物不具一洛書。而地者其大象也。方隅雖有二十四道。其體不過八卦。能統攝之。故四正以干為輔。四維以支為輔。五帝三王分天下為九州。即是大九宮。明堂太室。即王者建極端居之九宮。井田之制。即民間小九宮。先王體國經野。莫不如是。後世寖失其法。則以山龍混之。反失大地之正矣。蓋山龍有脉絡。譬人之筋骨。自頂至踵。一絲相連。亂而有經。故分干支。若平地則如人之血肉。觸處流通。不可測其從何而來。故不尋干支脉絡。但領八方之炁。陽卦則干支之陰者皆隨卦而陽。陰卦則干支之陽者皆隨卦而陰。不必更立干支名色。以平坡之炁。浩蕩无垠故也。若其乘之〻法。又非一實地連綿處為炁到。關峽起伏。俱可不論。祖宗子孫。亦無差別。隨地皆可立穴。只。以。立。穴。處。一。滴。相。近。者。為。先。到。便。是。真。炁。流。露。與。此。水。相。親。即。便。成。局。如水近甲夘乙三方。即是兌局。近戌乾亥三方。即是巽。雖方圓一坪。四圍皆水。畧無來龍。而可分九炁。如近南為坎局。近北為離局。近西南為艮局。近東北為坤局之類。居中作穴。斯為五黃中宮局。若三方水遠近適均。亦作中五黃論。此定體也。下手着緊須細〻体認第一堂炁第二外應第三元運第四向背此着緊處也第五穴星第六龍体第七形局第八翌護第九照神第十緊密今論作者下手。只將此地外應。合著本元局炁旺者。又觀內炁融結消息。參大勢向背。何者真。何者假。何者得全。何者得半。而後擇一局阡之。非所謂局局可下也。假如外應堂局元運等類。皆利此局。而內炁此局未清。不妨少加人工以清之。斯為裁成輔相之妙。今之時師亦有能言局。而所下之穴。往往錯誤。禍人不淺。何也。蓋下穴不真。所謂失胎也。失胎則一毫之差。千里之謬矣。蓋辨局要將羅經格定。看此地是何堂局。所謂堂局者。非明堂之堂。乃貼身、所近、之水。不拘前後左右。皆為堂炁。此水過申方。本是艮局。認為震局。收震宮之向水是矣。不知此水申宮兼庚。則艮不清而犯震炁。若在下元。去盛就衰。亦不發福。更收震宮向水。不幾求福而得禍乎。八宮皆如此辨。不可不慎。亦有兩宮炁到襍而不清。猶然獲吉者。則以星應皆兩宮所喜也。如前艮震襍局。而收巽兑向水。有喜無忌。焉得不吉。且下元艮旺。及交上中。則震炁又旺。反得長久而無休替矣。更有一種奇地。兩宮水到。或三四宮齊到。此為群精媾會。胎息交通。最為和美。三元不敗。但須體格端麗純全。有一毫傾側欹斜。或其收炁之水。參差零落。即非真地。反不如單局之力專矣。局例另錄于別冊

來情

卦運真機。問厥來情。來情支幹。以類分行。幹水來去。世目易明。支水有止。來去難明。支之入口。吐納滋生。執此言來。其來有經。穴若乘之。脉氣可憑。若指為去。倒置不寧。幹。水。來。離。坎。龍。欣。入。幹。水。來。震。兌。龍。不。失。八卦之門。各歸本室。支之來位。依此而立。循其曲折。視其斜直。度其修短。溯其移易。一烝兼烝。因方定質。分。元。配。位。應時效績。幹水去地。亦有還烝。還烝注蔭。與來不異。支水中停。其還旋至。候止候還。審來審去。入妙通微。始全卦義。

前二篇言定卦審運。地氣衰旺。廢興之道。幾於盡矣。不知運之尅應。在乎卦之真偽。在乎來情。來情者。水之來去也。水之來去。即地氣之來去。故卦運非此不真。而論氣脈者所首重也。立穴。所乘之局氣。不敵水路。所路乘之來氣。善乘來氣者。知來氣之精微。則局氣又不足言矣。幹水有幹水之來。支水有支水之來。幹水之去來易知。而支水之去來難知。今人但知水流來之方為來。水流去之方為去。以此槩論支幹。則謬矣。流來為來。流去為去。通行幹水則然。若夫浜漊渟止不通之支水。則反以止處望出口為來。出處望止處為去。蓋水之行脉。與山無二。山以幹之落處為來。以支之盡處為止。

惟水亦然。自江湖溪蕩。流入小处。則流入之口為來。而水之盡處為止矣。故止水葬於盡處。世人以為源頭水尾。有出無入。有去無來之地。而不知。乃有入無出。有來無去。真氣止息之地。所以。發福最易。而歷久。亦不敗也。凡水路來自坎方。即為離龍。水路來自離方。即為坎龍。八卦皆然。又須循其曲折。離上有一曲折。即是一節坎龍。離上有二曲折。即是二節坎龍也。視其斜直者。若是離方來。直至坎方止。則為真坎氣。若是離方直來。又斜過左邊。向艮方而止。即為坎龍發足。艮龍入首矣。斜過右邊。向乾方而止。即為坎龍發足。乾龍入首矣。

度其修短者。離路水長。坤路水短。即為坎炁長艮炁短矣。若離路水短。坤路水長。又為坎炁短艮炁長矣。溯其移易者。有從坤方入口。行至巽方一轉。又行至艮方一轉。而後結穴。則為內坤外乾艮矣。如此變局。不止一端。故地有一炁者。有兼二炁者。有兼三四炁者。以其水行方位。定龍之質幹。以此分上中下三元。辨長中少三位。應時取効。永無差忒。幹水結氣立穴之後。必有去水。此去水流處。亦有反炁。如水從巽方來。又從乾方去。向南立穴。則為左乾右艮矣。如水從巽方來。又從乾方去。向巽立穴。則為前乾後巽矣。水從巽方來。又從兌方去。向南立穴。亦為左乾右震矣。一元位上去來。一元大發。兩元位上去來。兩元衰旺分應。歷歷不爽。支水如不葬盡處。葬於中間。則到底一節。亦同去水。亦作還氣論。如坤水曲折而去。至艮方止。而就中停上立穴。作為巽向。是左坤右艮之局矣。蓋穴迎來水為煞之止。穴迎去水為煞之還。審其來即知氣止。審其去即知氣還。此章論水論止之法。必須精詳變化。入妙通微。而後八卦之義。毫厘辨晰。無有不全。而三元運氣興廢。亦絲髮皆照矣。

星符

先天九炁。化為天皇。端拱紫微。以執天綱。尊星帝座。與七同行。化成輔弼。陰扶斗罡。北極至陰。實秉至陽。坎中一炁。先天乾藏。主司六合。旋轉無央。八卦之母。列宿之王。斟酌元炁。化育萬方。地之噓吸。內發黃泉。地之方位。上合蒼天。虛位辰次。水位星躔。斗精所化。委委源源。運此九曜。以扶八宮。是大五行。名曰元空。父母交歡。子女繼宗。行行相比。位位相從。顛倒錯亂。不同而同。地之九宮。即天九曜。白紫分輝。餘色隱照。三卦迭推。潛符默導。精氣從天。厥有父道。胎息從地。如母之保。天道主施。地道主受。

三吉為純。輔弼無咎。但宜於前。不宜於後。若涉四凶。神聖莫救。
関路欲清。法當詳究。亦有隱曜。天外空浮。隱之畢寂。照之畢收。
更有轉曜。其變難求。宜嗔而喜。宜樂而憂。向空向實。內流外流。
流不必盡。其流勿休。挨星之訣。至聖所秘。有得之者。掌握天地。
惟此五行。立命司契。諸家妄作。盡為妖魅。

此章專言天地之內。炁化流行。一皆九星所主治。混沌未開之始。有先天炁母。以虛無為祖炁。化為九星。以成天地。一曰天皇大帝。即尊星。二曰紫微大帝。即帝星。三曰北斗第一貪狼星。四曰北斗第二巨門星。五曰北斗第三祿存星。六曰北斗第四文曲星。七曰北斗第五廉貞星。八曰北斗第六武曲星。九曰北斗第七破軍星。而尊帝二星。又化為輔弼。在破軍之旁。隐而不現。皆高居紫微垣内。以主宰天地。紫微垣者。北辰天極。在天壬癸之方。極北至陰。而實一陽所自生。坎中之乾爻。有此一陽。而後群陰群陽。無不普徧。故能維繫天地。旋轉造化。斗柄所指。四時之氣。隨之而轉。以此九星之氣。下施於地。化生萬物。故人之生命。無不繫屬九星。然則窮通壽夭。豈能逃哉。地炁雖發。黄泉實與天之方位合一。地之虛位。即寥廓無星之位。天之次舍。所謂辰也。地之水道。從天津析木而來。即天星所躔。辰與星皆本於九星。所以地之吉凶。純以九星而斷。地雖止於八。而斗星有九。然八卦即九星之象。九星乃八卦之精。輔弼歸為一宮。正與八卦合德。在九宮則貪即一白水。而于星化為木。巨即二黑土。祿即三碧木。而於星化為土。文即四綠木。而于星化為水。貞即五黃土。而于星化為火。武即六白金。破即七赤金。輔即八白土。弼即九紫火。而于星化為金。五行雖無定數。變變化化。乃五行所自出。先天一炁。故曰元空大卦五行。其乾離艮巽坎坤震兌乃卦爻父母子女。相得自然之次第。非人所能造。顛倒錯亂。而愈井然。

不同之中。有大同者存焉。卦則以乾坤為父母。以六卦為子女。二十四路又以八卦為父母以納甲之干。三合之支為子女。蓋龍是地氣。地氣重濁。故三路歸于一卦。星是天氣。天氣輕清。故二十四道仍是分行。而各隸於納甲之卦。巨門雖二黑土。實八白土。輔弼則九紫火。故但取貪巨武為上吉。九紫為次吉。又以本宮陽位為地母卦。地與母主受。故立向。納水。主。焉。本宮對位為天父卦。天與父主施。故。消。水。主。焉。天父之貪巨武輔。即地母之丈祿破廉。人能收三吉之白。水消四凶之惡焉。則地無不吉。而左右一卦。喜在吾前。忌在吾後。如臣之於君。向君者為輔弼。背君者為奸臣。凡地須單收三吉輔弼。不可襍以四凶。吉地又要極清。若吉凶各宮齊至則應吉者吉。應凶者凶。若吉凶同宮而至則吉中有凶矣。影曜者内堂不見之水。遠去數里之外。若不照穴則隱而不見禍福未驗。若一照穴。則禍福立應。更甚於内堂之水。盖水之為物能禍福者。其光氣為之。如三光之照物。遠則其光愈顯。所以力愈重也。有農家小舍發福。繼而起高樓即敗。見外凶水也。有初葬不發。迨樹木參天而後貴。見外吉水也。轉曜者有吉向而反凶。有凶向而反吉。向中有來水。是為賓。向依常而論向中有直去之水。是為虛向。吉者反凶。凶者反吉矣。然去水星卦。以貼本身出口第一折為准。既折之後。穴中復見其去水之影。仍作來論矣。所謂外流是也。去水流不盡者。去口之處。開一大潒。所去之水。停積此中。光氣愈盛。是雖去而復來。吉凶亦必顛倒。學者慎之。此挨星訣者。天地所秘。古諺曰。有人識得挨星訣。朝是凡夫暮是仙。人能盡此挨星之用。造化在掌。噓吸通於帝座矣。古人傳書不傳訣。恐干天怒也。除此大五行外。有正五行。八卦五行。洪範五行。皆非地理消納立向之用。不可强入。至於雙山六合。支離勉强。乃後人僞造。妖魅而已。或更以九星作長生貪狼沐浴巨門之類。分生旺暮者。尤為不通。夫盈天之內。惟一氣化。生則無乎不生。死則無乎不死。豈有限定某方為我生。某方為我死者。此皆後人附會之談。戒學者慎勿惑焉。黃泉八曜乃陽宅架煞之用。與陰地無涉。不必執之。

凡篇中所云去水。若海潮之地。只以落潮去處為的。蓋來潮逆上之水。不謂之來。落水歸元。同歸尾閭。乃天地自然之道。又一說。謂近海一帶。潮神大旺者。則以浜口為水來。蓋一日兩潮。倏然奔赴。來急而去緩也。不作去水論。存參。

星符起例　上起下止下起上止中起中止邊起邊止

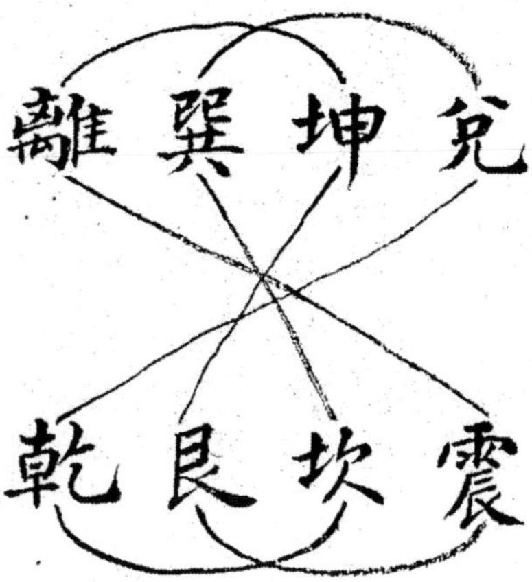

先天取數乾一兌二離三震四巽五坎六艮七坤八是也此即對宮如乾局兌上起兌局乾上起離局震上起震局離上起餘類推

後天取卦乾坎艮震巽離坤兌是也此即隔位如乾則坎

上起坎則乾上起艮則震上起震則艮上起餘類推

原隰

水龍之地。與山相貿。山之生炁。鍾於高阜。水之生氣。鍾於卑受。高阜之氣。不離左右。卑受之氣。不離前後。何謂明堂〻前地高。高。高而漸高。代產英豪。如或傾瀉。貧窮逋逃。穴後地低。如憑欄康。低。低而漸低。葉〻不摧。如或隆起。絕世無兒。穴左坦然。青龍蜿蜒。長子亢宗。家餘資錢。穴右土厚。白虎短脰。少男疾貧。常遭禍咎。卑。卑而太卑。當作水推。能奪正局。相土須知。大江以北。千里平陸。土常有餘。水常不足。高厚為崗。低平為谷。何必江湖。而後成局。宜詳尺度。兼別砂族。剖露一端。以該地軸。

此章言高山與平洋事〻相反山龍以高處為生氣水龍以卑下處為生氣正以山龍從山上高處來水龍從水中低處來也凡平洋穴後龍宜低坦一步低一步此為後龍綿遠子孫悠久蕃庶壽考無涯穴之左右亦須低坦乃為龍虎環抱穴中氣足左低長發右低少發若穴後有高地或兩重靠山葬下損丁子孫稀少漸〻高去後嗣必絕青龍高長子貧窮白虎高季子消乏惟明堂之內則宜漸遠漸高為送水歸堂大發財祿傾瀉蕩然則財散矣然三方低下之處必須四望平夷若一處有極低便作水論依水立局之炁又為所奪局

炁不真矣。且江南多水之地。以江湖溪澗為龍局。江北中原。千里平曠。無水可收。即以低地為水。高地為龍。便乘九局。以斷吉凶。外有數里陰砂護穴。則大地矣。偶因原隰露此一班。學者即是而推。則中原平龍。已瞭然在目矣。

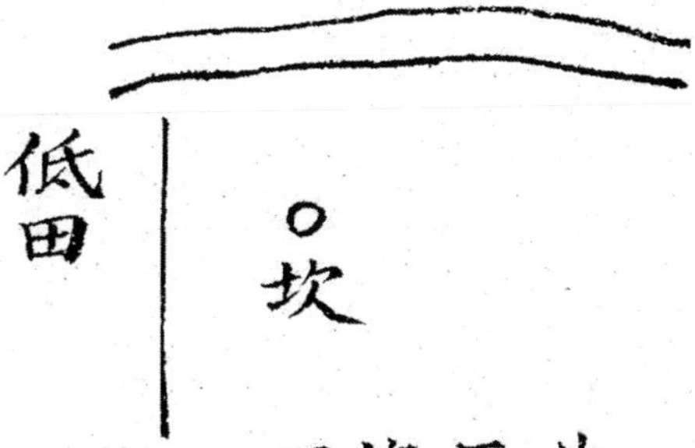

此雖坎局之地而東首有低田坎局不真而反侵乾氣

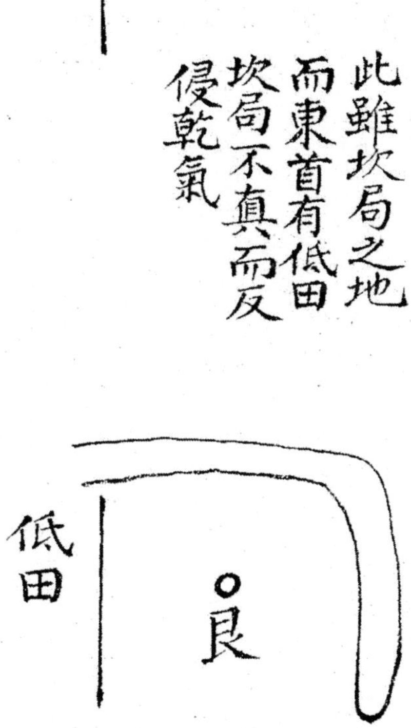

艮炁不真反作中黃矣

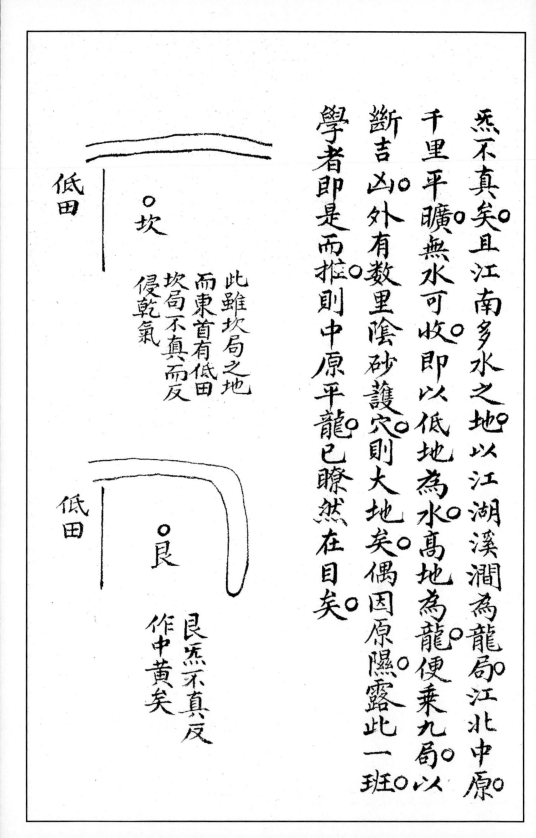

營兆

陰陽二用。妙在炁交。天降而下。地浮而高。土膚之上。構精之交。噓吸槖籥。如春發天。笑彼庸術。掘地及泉。炁蒸在上。枯骸不沾。水潦凝積。泛濫及棺。天光不照。常得幽寒。起冢成山。山形寬坦。勢若昂〻。孤峰岩險。妄作垣墉。砂迷水掩。舒則沖融。囚則難展。墳前起屋。壓損明堂。陽和晦冥。自失晶光。居中仲廢。居左長荒。若逢右畔。季子茫〻。碑碣門亭。朝家曲制。若據形家。以簡為貴。玉有微瑕。時有大累。贅此瑣言。以盡大義。

此章言乾坤之炁。一日不交。則萬物皆死。不成天地矣。天地之妙。正在二氣交會之中。二炁。無處。不交。天以至陽之炁下交于地。地以至陰之炁上交于天。一升一降。構精之處。常在土之。皮。膚。觀於雨露降而草木萌芽。此其驗矣。南方土炁浮嫩。置壙平田。累土成墳。上吸三光之和。下引黃泉之炁。則陰陽冲和矣。庸術以不入土為不得炁。掘地及泉。使棺槨浸潤骨為寒凝之炁。所閉。陽和之炁反透於上。葬者不沾。豈能應耶。殊不知炁。化。周。流。六。虛。即懸棺空堂。而此地之吉凶未嘗不應。世儘有權厝而發福者。不必深入地也。古人不封不樹。今俗尚坟壠。亦須平坦冲夷。乃為合格。若築地太高。累土聳挨。則孤露危險。元炁四散不歸。更不可輕築垣墻。以隔斷外來秀氣。其垣低平寬大。猶為舒展。若更高峻窄小。則名為囚。生炁閉塞。屋宇碑亭墓門等事。一有侵逼。雖屬小失。乃有大傷。故盡言如此。

祔葬

葬法分穴。如宅分房。〻分衰旺。穴分苦良。先葬就弱。後葬就强。

先葬獲志。後葬𨂿張。亦有佳城。祔葬不甯。一穴奪氣。枝茂本傾。

保護祖根。斧斤勿入。貧賤權宜。昭穆分立。移宮換宿。至危之術。

未覩精微。鮮不踣躓。方位之法。長子當陽。分宮生尅。〻者無傷。

消。納。之。法。悉。口。爲。先。方分納甲。九星執權。兼此二法。昭穆可言。

祔中真氣。必有改更。咫尺萬里。立辨死生。局運星符。與正同情。

若得其本。祔法斯輕。

此章言高山真穴。都止一壙。不能兩棺。平洋通坦。可容合葬。

然得穴真地。昭穆亦非所宜。貧家難於營建。乃有祔葬。不知穴氣真僞。間不容尺。昭穆之局。其視主穴。相去豈不遠哉。其間大判吉凶。不可不慎。亦有祖葬失穴。祔葬得之者。亦有祖穴得炁。因祔而傷者。若無真見。則祖宗根本之地。斷不宜輕加添祔。披枝傷根。禍豈一人。獨受歟。祔法有論八方者。皆取祖穴本局。加于三震。蓋斷（繼）離出治。子孫祔於祖穴。繼體之義有由然也。加星與原宮相尅。則吉。相生則凶。比和平平不能為福。所謂煞方添葬。反榮昌。此其一也。有論二十四位者。以祖穴去水口為元。以對宮天父論九星。看所祔之位是何方。

得三吉為吉。此又其一也。二者須兼論。然物〻有太極。祔葬斷不可以主穴方位為憑。其穴亦另有乘炁。則另有元運。另有星符消納向法。事〻皆變。雖為祔葬。實與另阡正穴無異。當以正法斷之。若正法得宜。方位祔法。亦屬第二義矣。蓋甚言乘局之不可悞也。

八山加局例

乾主穴例				巽主穴例			
	黃坎離	震艮巽	兌乾坤		震艮兌	坎乾坤	黃巽離

坎主穴例				離主穴例			
	離黃巽	兌震艮	坤坎乾		艮巽震	乾坤兌	坎離黃

艮主穴例				坤主穴例			
	兌震坤	黃坎乾	離艮巽		坎乾黃	艮巽離	震坤兌

震主穴例				兌主穴例			
	坤兌乾	離黃坎	巽震艮		乾坤坎	巽離黃	艮兌震

消納水例

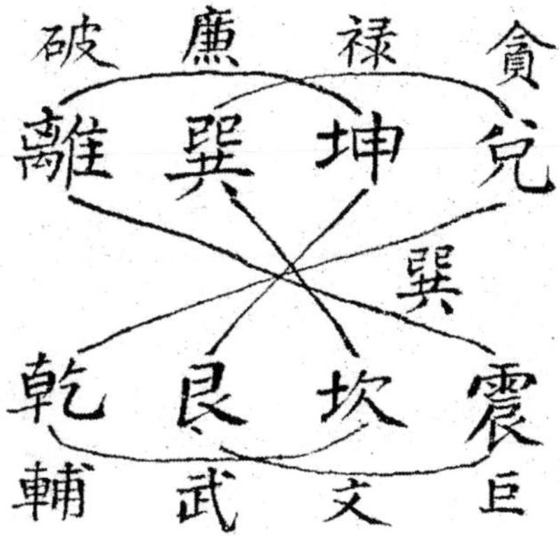
破 廉 祿 貪
離 巽 坤 兌
巽
乾 艮 坎 震
輔 武 文 巨

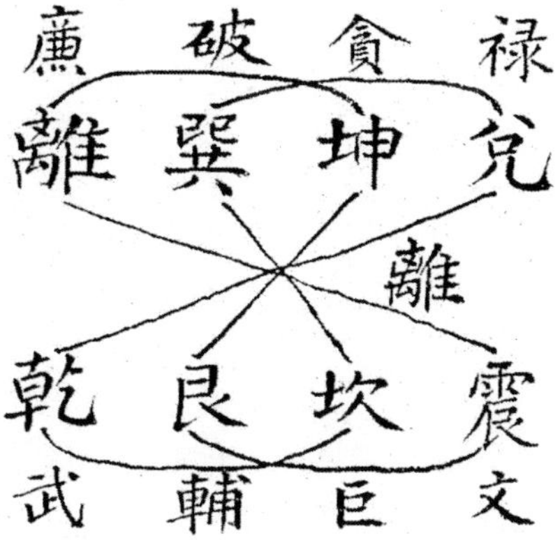
廉 破 貪 祿
離 巽 坤 兌
離
乾 艮 坎 震
武 輔 巨 文

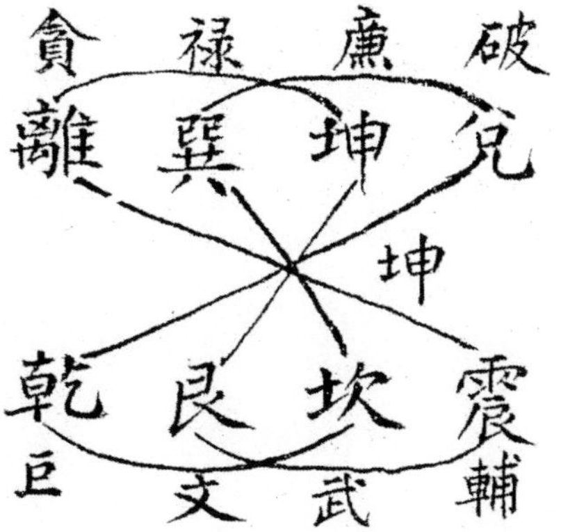
貪 祿 廉 破
離 巽 坤 兌
坤
乾 艮 坎 震
巨 文 武 輔

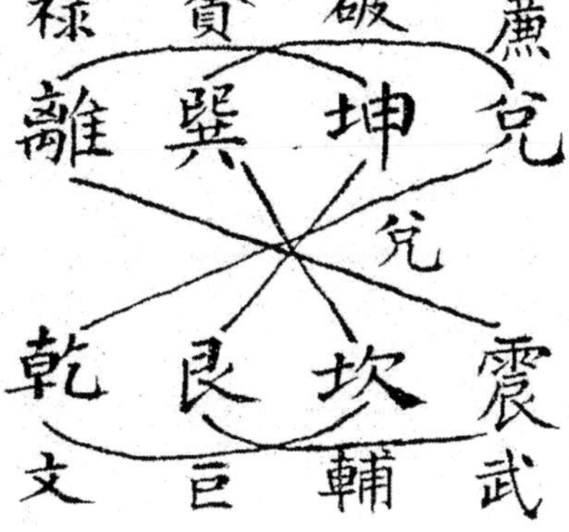
祿 貪 破 廉
離 巽 坤 兌
兌
乾 艮 坎 震
文 巨 輔 武

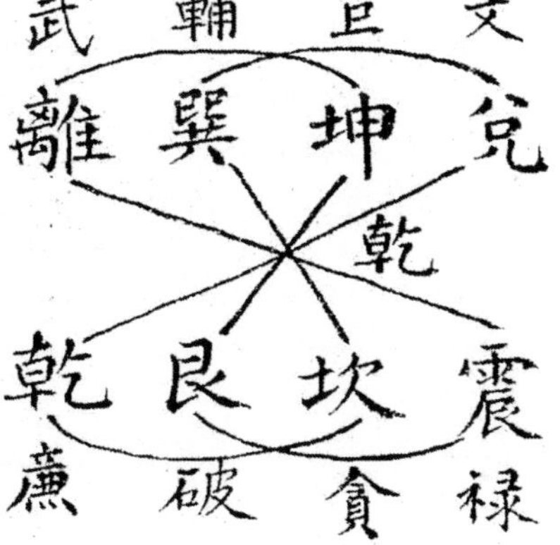
武 輔 巨 文
離 巽 坤 兌
乾
乾 艮 坎 震
廉 破 貪 祿

巨 文 武 輔
離 巽 坤 兌
坎
乾 艮 坎 震
貪 祿 廉 破

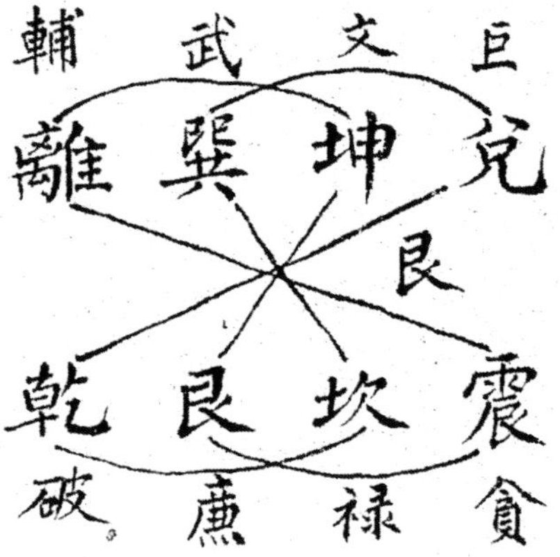

如乾方水口兌上起貪狼艮方水口坤上起貪狼餘倣此

主穴凶祔吉

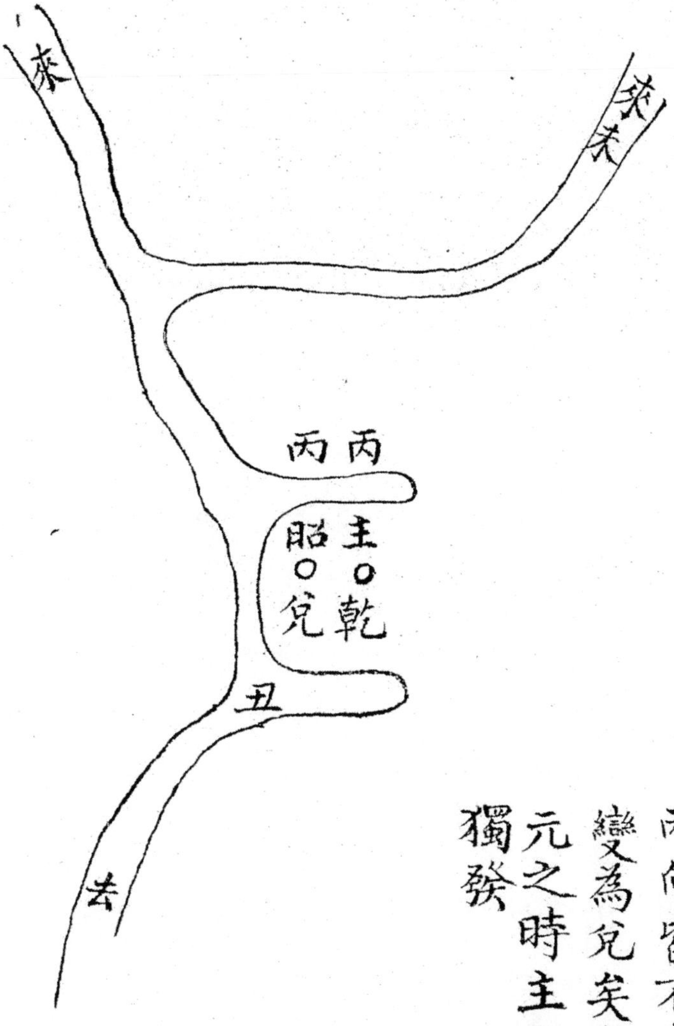

此主穴乾局未水巽水丙向皆不吉昭上一祔變為兌矣水向皆吉下元之時主穴愈退昭穴獨發

主穴吉祔凶

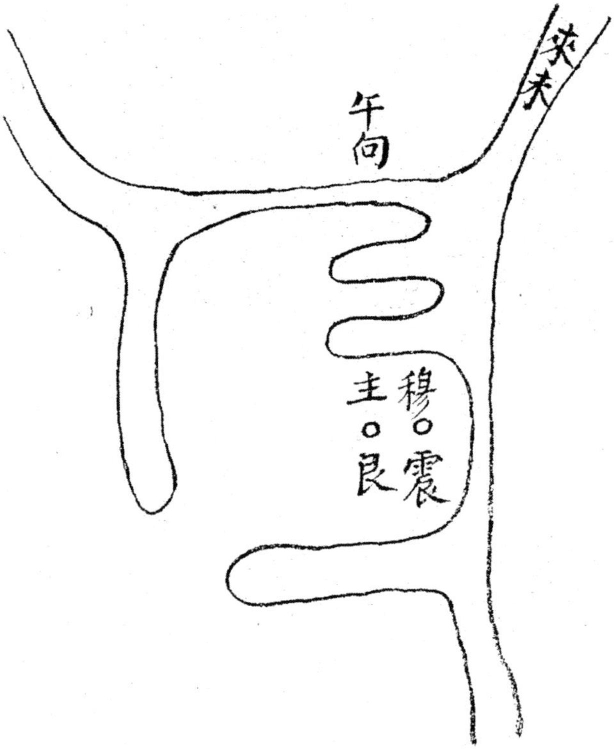

此主穴艮局未水午向皆
大吉穆穴一祔變為震矣
未水廉貞午向文曲更在
下元尤見衰退穆穴必敗

陽基

大輿之地。豈惟藏形。繄古聖哲。建都作京。襟江帶河。九野孕靈。兆民萃處。百堵聿興。惟宅之基。與墓合符。墓炁凝結。宅炁衍敷。四倚之地。廣廈不移。〻宮改步。自隩及隅。爰有四幾。實惟宗要。一。地。二。門。三。衢。四。嶠。獨。尊。三。元。徵。叅。九。曜。遊年卦例。禍福不兆。墓氣從地。宅。氣。從。門。一。門。易。向。榮。辱。轉。輪。門通大道。氣入闉闍。前後旁側。分勢均形。男女居室。曰惟大倫。房。闥。是。主。堂。階。作。賓。置宅廣原。地符統貫。地廬則聚。單舍恒渙。若在都邑。无尤水遠。爰獲沾濡。厥功无算。墓炁及骨。宅炁及身。此如滋條。彼如沃根。

根榮以歲。條茂及辰。墓吉宅凶。蕃菑食貧墓凶宅吉。殃在後人。
墓宅並吉。介福千春。能不失馭。邁種之英。
此章言輿軸之理。不惟墳土藏形而已。在古聖王。體國經野。大而京師。小而都(郡)邑。以至村落市鎮。莫不有形勢分合焉。其九龍立局之法。與墓同符。而不無小異。盖墓氣止取一句元辰之水。而京都郡邑。則取大江大湖為局。大水在南作坎。在北作離。大勢衰旺。此其極也。至其各家各宅之氣。又就其小水而分九局。且陰地取其結聚。陽基取其敷衍。格局有廣狹之異。四倚者。或前或後。或左或右。專倚一水也。倚一水則局真。雖作廣廈。其炁皆不變。若隩隅之地。掛角立宅。止中宮大勢。收炁不雜。前後帶收。炁有改變矣。如掛角艮宅西南二方貼水。則前帶左廂近南水作坎。後帶右廂近西水屬震矣。一宅分房。便分衰旺。陰宅炁在地中。止穴內一炁。陽宅炁在地上。不專以地中之炁為主。兼取門炁。蓋氣橫行。無途入宅。門戶一啟。炁即從門而入。其力與地氣相敵。地衰門旺。地旺門衰。吉凶參半。須門地並旺。然後可以召諸福也。門地之外。又論道路。直朝者。作來氣斷。如乾方有路來朝。則宅受乾氣也。橫截者。作止氣斷。如坤方有橫街。則宅受艮炁也。朝路比來龍。而橫路比界水。所謂三衢橋梁同斷。嶠者、隣居高峻處。如艮方有高屋則氣被障斷。反從艮方回向我宅。黃白氣說所謂回風反氣。自高及下者也。高屋多則氣厚。高屋少則氣淺。若遠方高屋。迢遞而來。漸近漸低。歸結到宅。氣尤百倍矣。此四氣者。惟。以。三。元。之。衰。旺。而。為。興。廢。立向則仍以地局九星為主。然都有不合九星。不害其吉者。故曰徽叅言不甚重也。至於遊年卦例。止叅值年神煞。以斷吉凶之應而已。其實禍福不係乎此。若宅炁旺。雖絕命五鬼。何害於吉。若宅炁衰。雖天醫生炁。何救于凶。相宅者止將四幾按三元以定衰旺。義盡此矣。從地從門。又申言門之尤重。蓋地乃一定之物。不能更移。門則可隨方而改。儘有失元之地。改一旺門。便能起衰。得元之地。改一衰門。便能減福。尺寸之地。榮枯頓異。不可不慎也。門以通大路者為重。蓋烝在大道中。隨人往來。門一開。便從門入。前門、後門、傍門、側門、便門。或吉或凶。分遠近大小。動靜冷熱。而論興廢。一宅止一門獨旺。則全美無瑕。若諸門皆旺。諸美畢臻矣。至於宅中內門。則尤以房門為重。蓋一陰一陽之謂道。家道興衰。在夫婦配合之際。生男育女。繼祖承祧。皆原於此宅內。重門道路。步步從旺方引入。閨閫更開吉門迎之。則五福全收矣。若中堂正堂。不過賓主酬酢之所。非歸根復命之鄉。不甚重也。若在荒郊空壙之處立宅。則四炁之中專以地氣為重。與陰宅相似。然猶必比屋聚廬。而後可以會合風炁。收攬陽和。小屋必二進三進。始有蓄聚。一帶直屋。及散布數椽。炁皆渙散。雖吉不驗也。若在城市。四炁。並重。不專以水為局。雖遠水亦有乘旺發福者。更能近水。沾染生炁。福力非常可比。若近水衰地。其禍尤甚矣。末段揔言陰陽二宅。不可偏廢。蓋墓氣從亡者之骨。蔭及生人。力深而緩。宅炁即在本身邊。力浮而速。朝種暮熟。智者固不得以陽而廢

陰。亦何可以重陰而輕陽也哉。圖例另錄

黃白二氣說

客問地理家平地立局之旨何居。蔣子曰。昔有至人。玄坐忘形。升神太虛。乍離黃壤。赤脚登天。垂光俯視。萬里如掌。諸家莫覩惟見黃白二氣。縱橫四馳。散布瀰漫。若和風揚沙而不疾者。黃炁也。經緯橫施。蜿蜒不斷。勢隆隆起。綿若匹練。聚若縈雪有光曜物。外柔中堅者。白氣也。黃氣者、大塊之土氣。白氣者、江溪澗之氣也。白氣界於黃氣之中。並行而分道。黃炁所至。遇白氣而輒止。白氣為城垣。黃炁為風烟。白氣為囊橐。黃炁為餱粮。地理倚水立局。乘。止。氣。也。白氣為引。黃炁為從。衆。引。所。交。其。隨。則。聚。

故水欲其合白炁直流黃氣直隨白炁蠕動黃炁縈迴直止則散縈迴則聚故水欲其折白炁一遇黃氣一止白氣再遇黃炁再止如是三四如是五六以至於無窮少遇則薄多遇愈厚故水欲其重白氣是橫黃炁雖止无所依戀无所扳援乃復左右走止而終散必有枝條槎枒氣乃得留故水欲其界ゝ而平直止ゝ復行故水欲其圜我穴其圜左右並歸若水斷際反為水源黃氣為衆水所拘遇斷得門衆炁從門而出無所不出則無所不獲故水欲其深小水在南大水在北我雖依南不專於南小水在東大水在西我雖依東不專於東親疎分情賓主分勢

當知親〻而等疎。主〻而禮賓。故大江大湖之旁。外炁內炁交揖於此。建都立邑。置宅安塋。叅量均衡。有不可廢。非獨水也。高山茂林。巍居峻郭。皆足以回風返炁。自高及下。迫黃炁以來歸。橋梁街道。車馬人跡之所往來。亦足以振動黃炁。動則引之使來。靜則限之使止。斯非至精。孰能與於此乎。圖另錄

小遊年

文武巨廉破祿貪

乾遊福天五命體生
坎天福生體命五遊
艮遊命五生體福天
震體生五命天福遊
巽福天遊五生命體
離遊天命體五生福
坤福體命生五天遊
兌生五體命遊天福

大遊年

乾六天五禍絕延生
坎五天生延絕禍六
艮六絕禍生延天五
震延生禍絕五天六
巽天五六禍生絕延
離六五絕延禍生天
坤天延絕生禍五六
兌生禍延絕六五天

輔星卦立向納水

輔 廉

廉	兌	震	坤	坎	巽	艮	離	乾
武	震	兌	坎	坤	艮	巽	乾	離
破	坤	坎	兌	震	離	乾	巽	艮
輔	坎	坤	震	兌	乾	離	艮	巽
貪	巽	艮	離	乾	兌	震	坤	坎
巨	艮	巽	乾	離	震	兌	坎	坤
祿	離	乾	巽	艮	坤	坎	兌	震
文	乾	離	艮	巽	坎	坤	震	兌

天父卦消水發用

		兌	震	坤	坎	巽	艮	離	乾
貪	生	乾	離	艮	巽	坎	坤	震	兌
巨	天	離	乾	巽	艮	坤	坎	兌	震
祿	體	艮	巽	乾	離	震	兌	坎	坤
文	遊	巽	艮	離	乾	兌	震	坤	坎
廉	五	坎	坤	震	兌	乾	離	艮	巽
武	福	坤	坎	兌	震	離	乾	巽	艮
破	命	震	兌	坎	坤	艮	巽	乾	離
輔	伏	兌	震	坤	坎	巽	艮	離	乾

九星所化

貪本一白水為震木為生氣　巨為二黑土為艮土為天醫

祿為三碧木為坤土為絕體　文為四綠木為坎水為遊魂為

六煞　廉為五黃土為五鬼　武為六白金為兌金為延年為

福德　破為七赤金為乾金為絕命為黃泉　輔為八白土

為巽木為伏位　弼九紫火

斗星口訣

兌丁巳丑　震庚亥未
坤乙　坎癸申辰
巽辛　艮丙
離壬寅戌　乾甲

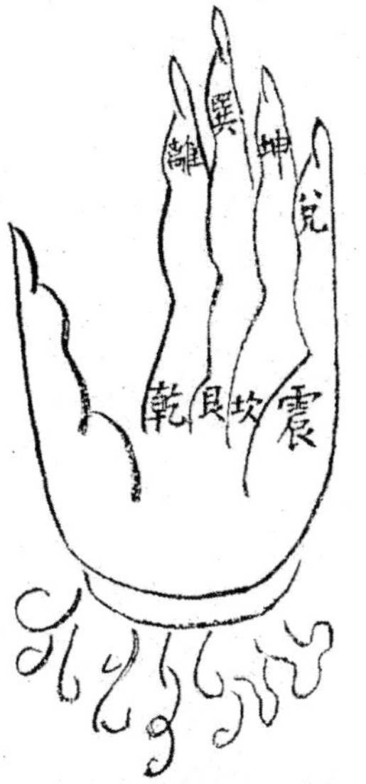

乾坎艮震為陽巽離坤兌為陰名陰陽純一弦起弦止中起中止

龍穴砂水倒杖真訣

		乾	坎	艮	震	離	坤	巽	兌
震	貪 生炁 木	坎	乾	震	艮	坤	離	兌	巽
艮	巨 天醫 土	坤	離	兌	巽	坎	乾	震	艮
坤	祿 絕体 土	震	艮	坎	乾	兌	巽	坤	離
坎	文 遊魂 水	兌	巽	坤	離	震	艮	坎	乾
離	廉 五鬼 火	乾	坎	艮	震	離	坤	巽	兌
兌	武 福德 金	離	坤	巽	兌	乾	坎	艮	震
乾	破 絕命 黃泉	艮	震	乾	坎	巽	兌	離	坤
巽	輔 伏位 木	巽	兌	離	坤	艮	震	乾	坎

斗杓指南

貪巨武名人丁催官水又名金魚上馬水又名御街水又名天機水　武為金帶水巨為金魚水貪為銀帶水又名花羅水

巨為魚山武為肉山　廉為五鬼降煞水　破軍為八煞絕命黃泉水主子孫兇暴殺傷牢獄徒配絞斬瘟疫滅門　廉貞主忤逆風聲兄弟不和落水墜馬自縊徒流瘟疫火災　輔弼在前佐在後為奸佞盜賊欺主不恭

輔星卦又名五鬼卦　天父卦　倒杖訣

位〻起廉貞　位〻起貪狼　位〻起文曲

三元地理真傳卷之二終

杜陵蔣平階大鴻氏玉函真義

天元歌第一章 此篇捴論大義一書之綱領也

一元浩氣函三象混沌分開氣升降天清地濁成兩儀陰陽互根氣來往山川玉石象中氣日月星辰氣中象二氣相抱不相離濁陰本是清陽相惟有人為萬物靈配乾坤號參兩一人各具一天地卓立三才不相讓

首言陰陽一氣天地一物而人與天地合體

元陽本是天中來形從大地產根荄至人父天而母地此是生成妙化裁天元降在地元中猶如父母構成胎十月嬰孩非父

職。三年乳哺母之懷。人生本天而親地。地。靈。元。是。天。靈。裁栽。

此言地受天氣而生人推原地氣蔭人之本

生時衣食居夏屋。萬寶地產名天祿。由來宅相福生人。帝室皇居壯京國。死時埋骨歸于土。復本還元義反覆。還。從。地。氣。吸。天。光。變化蒸噓露金玉。煉陰仙客解冲虛。凡骨猶能化百族。吉成龍鳳衆靈奇。凶作蟲蟻諸惡毒。精魂苦樂人不知。但見子孫生禍福。

此言陰陽二宅皆天氣陽精反本化生之妙

聖賢仙佛也難逃。帝王將相莫自豪。各有山川來蔭應。今來古往不相饒。最小千金傭販子。亦沾微潤樂陶々。不然無祿并絶世。墓宅不爽爭秋毫。

此言品類不齊皆屬墓宅之應

所以聖人重此理。遷邠卜洛何焦勞。後來名賢朱蔡輩。煌々書冊議最高。奈何豎儒識見偏。諱言求福云違天。世上惜財薄葬者。附會其說以文慳。一旦偷安拋父骨。世代凋零百不全。直使子孫貧夭絶。不孝莫大豈為賢。况復翻棺并腐骨。父母魂魄更堪憐。

此言後儒失先賢之道陷人于不孝

世間萬事半荒唐。惟有陰陽不可當。不笑不言三尺土。掌握禍福急如火。笑人不重祖父墳。只望開花不看根。僧道乳母且相應。繼子外孫如嫡親。

此言地有必應之理

墓宅吉凶較量看。新墳舊墓也相參。墓宅兩興宜鼎盛。墓宅兩廢斷人烟。宅凶穴吉兒孫慶。墓凶宅吉眼前歡。祖父新扦沾煞氣。高曾福蔭他房去。寒林一發一枝榮。若非新宅必新冢。吉少凶多福來短。吉多凶少禍來輕。

此言墓宅宜新舊參合應驗不可執一而論

更有屍骸寒與暖。歲久骨枯取效緩。惡山惡水倘曾埋。銷盡陰靈氣方轉。初年新骨天靈完。葬乘生氣朝花鮮。更遇嫩山并嫩水。一紀之內錦衣還。兼將宅氣來相輔。旱田院內出官班。

此言墓氣速應之法

莫說生來命數奇。地元一得天星移。此是至人造命訣。二十八宿掌中齊。莫說窮通有骨相。螣蛇變作雙龍樣。此是仙家換骨方。死骨不灰生骨壯。

此言地理挽回氣數之妙

勸君大地勿悞求。大形大局少根由。縱有千山并萬水。與他穴氣不相投。一枝一抱山龍真。一勾一曲水龍神。肉眼只嫌結局小。箇中生氣滿乾坤。恨煞時師不識真。常將假局哄他人。謀佔靈壇弃舊墓。壞人心術少安寧。豈知吉地方方有。只在眉頭眼下尋。

此戒人勿貪大局而為假地所悞

蔣生二十慈親喪。幾度拜人求吉葬。家破皆因買地差。身衰半為尋師浪。幸遇真人無極子。授我玉函法眼藏。十年冥悟徹元徹。萬里探奇走烟瘴。識得天元造化根。花前月下天機放。此書不是術家書。河洛龜龍太極圖。羲文周孔心相契。夏后殷箕義

不磨管郭遺文多僞托楊曾口訣世間無若不傳心併傳眼青
囊萬卷總糢糊天涯倘遇知音客留取雲陽醉後歌
此自言地學得傳之由發作歌之旨而歸重于口授心傳

天元歌第二章 此章論山龍

昔日華山陳處士。演成太極傳當世。推。原。天。地。未。分。時。只。有。坎。離。水。火。氣。二氣盤旋不相離。清者為天濁者地。坎離一交成乾坤。制造大圜如冶鑄。黃輿乃是冶中灰。水火相烹積渣翳。山精剛燥火所凝。骨格支撐為砥柱。

此推原渾天化生之始大地山河成象之初

崑崙高頂九霄中。此是中天大帝宮。海外三山幾萬里。揔與此山脈絡通。陽脈東南來震巽。如人正面向離風。故生聖哲臨夷夏。迴與肩背不相同。大幹三條分三輔。三條各有帝王龍。帝。穴。

龍神五百里若然百里作王公但有特龍來數里亦許功名鑄景鐘

此槩言中國三條龍大勢

欲識龍行先識起龍若起時勢無比高山萬仞削芙蓉千里層巒皆俯視此龍多生水木形放下群枝行八際一枝一幹有神龍正龍端向中央去只就江南大勢看南龍起頂是黃山左翊九華開內輔右翊天目蔽東藩正龍勾曲神仙府直到金陵龍虎蟠一形一起一龍分數起數分龍益尊龍神分去無非穴正幹偏枝力不均

此言真龍起祖分宗支幹之理

看龍看起復看斷凡屬正龍斷復斷斷時百里失真宗穿江渡海情無限山根委曲地中行不是仙人誰着眼

此言真龍斷伏之妙

識得斷龍方識結立穴元微最難說世人求穴近大山且要案山龍虎夾豈知大山龍未歇縱有窩藏反走泄真龍偏結曠野中踴躍奔騰不怕風饒他落在深岩裡也要平坡萬象空好龍勇猛向前奔從龍不許過關津譬若神駒日千里難將凡馬望其塵亦似三春抽嫩笋從龍如籜抱其身一朝雷雨干霄長節

高籜落不相親。時師只怪無龍虎。真。龍。真。虎。穴。中。鎖。會得天然龍虎時。浪打風吹皆樂土。

此言真龍結穴變化之奇而辨時師取用外砂之謬

龍神隻隻顧祖宗。如子戀母遠相從。若不祖山為正案。另求別案配雌雄。百里真龍百里案。賓主威嚴真匹判。莫言作案便非龍。但是高峯都不賤。

此言真龍相朝相顧自然之情理

辨。龍。先。須。辨。落。脈。落。脈。乃。是。穴。消。息。頂上生風脈頭角。兩傍開張脈羽翼。粗枝出細好花房。老蚌生珠光滴滴。也有好龍無脈

看高崗平阜只麄頑彼處祖宗多脫卸数節之前骨相完大率
真脈有二種、、、連脈飛脈精神迴連脈真宗在本山飛脈他山復
一湧本山定是結垂頭他山半作拋珠弄也有飛脈遠数里起
伏愈多龍愈妙時師只道餘氣長或説羅星水口當豈識真龍
饒變化草蛇灰線最難詳教君到此須求盡真龍大盡貴非常
近山飛脈不嫖二遠山飛脈石中数若無真石盡浮泥恐是人
工難証取

此詳辨真龍出脈變態

與君細論石中機石是山中骨髓滋時師只恐石無穴誰道真

龍石始奇真鉗真穴石內藏真龍真虎石兩傍識得枕棺龍虎石千山玉乳灌心香結穴之石此中推行龍之石脈胚胎不審其中元竅理滿山頑石豈堪裁試言結穴有二品石穴土穴貴相準石穴端的是窩鉗慎莫鑿傷龍骨髓土穴太極暈中包內象分明外象隱窩鉗土色不須論太極重輪仔細尋真土原來石變化不同凡土五華文世人鑿穴但求土若逢凡上枉勞神

此言石土二穴真機

問君下穴有何法正龍正向是真訣時師只說冲腦門每向龍傍尋倚穴精華走失發不全左右偏枯房分絕也有真龍偏側

定龍是側來穴是正此是龍神一轉頭結頂垂唇巧相稱

此言下穴之法

語君結頂是真訣披心露胆向君說龍不起頂非真龍穴不起頂非真穴結頂名為真穴星穴星圖暈産真金世間萬物金為貴此是真陽露妙形真龍大地皆金體遇着真金莫放行亦有穴星兼四曜不離金體是真精

此言真穴起頂

無極天元無別說只曉真龍并真穴識得真龍與真穴天機造化任我奪不得真龍與真穴我師更有方便法傍枝傍脈有來

情。只。要。穴。後。生。一。突。緊。粘。突。下。作。穴。星。此法名為接。氣。訣。人丁財祿兩豐盈。亦堪衆子登黃甲。君看當今富貴墳。大都接氣非真結。

此言接氣穴法

亦有真龍向前行。腰間脊上有三停。湊巧龍身下一穴。此作騎龍斬氣。名

此言騎龍斬穴之法

真龍餘炁。本非穴。撞背來時炁未絕。亦有龍傍一脈垂。是號流神皆可發。世人見發說真穴。豈。意。龍。領。剩。明。月。

此言不知真穴而得餘氣流神之二種俱能發福

囑君受穴緊中粘。莫嫌湊煞出毬簷。得龍脈脫真元散。受水乘風禍不悛。

此言葬法不宜脫氣以下直指諸忌格

我有真人枕中秘。說盡葬山諸大忌。一一分明告世人。廣授群迷長生意。第一切忌下空窩。空窩積水寒蒸多。葬下淤沮骨腐爛。子孫絕滅可奈何。凡有水淋生大咎。左淋長子先不宥。右淋次子少安康。當背淋來皆莫救。穴無貼肉若坐空。定有淋漓向穴冲。水流割脚猶堪忍。水若淋頭立見凶。

此言穴忌空窩

第二切忌下平坦穴居平坦真情散坐後若無貼體星平坡滞蕩生憂患

此言穴忌平坦

第三莫下天風刼高山頂上空無穴高而有穴不為空無穴天空真刼煞八面風搖骨作塵此是風輪不可說

第四莫下龍脇背龍自他行氣不聚捴然穴後不空虛墻頭壁下無根蒂

此二段言穴忌高頂與龍之脇背

総之真穴少人知。只言怪穴不易窺。正脈正情原不怪。須將福德合天機。

此言真穴非怪惟有德者當之以下皆言時術從來之悞

恨煞堪輿萬卷經。當年亦有滅蠻名。僞托楊曾爲正訣。不悞蠻夷悞後生。陰陽兩净卦中來。陽龍節〻是陽胎。陰龍剥換亦如此。只取清純向首排。若是嫩龍終是嫩。乾坤辰戌皆英俊。若是老龍終是老。巽辛亥艮未爲寶。浪說貴陰而賤陽。天下奇龍丼葬少。

此論貴陰賤陽之非

五星只取影中形。九星變化亦非眞。撰出後天生與尅。豈鮮先天大五行先天五行無生尅一陽變化皆太極眞水原從火裡。生眞金本是水中出語君莫避尅胎龍。木金水火原非逆。

此辨星體五行生尅之非

更把方隅分五行。左迴右轉別陽陰。生方旺地求高峻。堪笑時師掌上尋生龍本有生之情死龍亦有死龍形生生死死隨龍。變豈有方隅順逆輪。

此辨方位五行生旺墓絶之非

或取唱形來點穴。此是神仙留記訣。好穴難將告後人。記取眞形揣摩合。混沌初分即有山。世間萬物後來添。器物衣冠時代異。那得生成太古前。子微玉髓巧分名。只為峰巒論應星。若説龍胎真有相。後人虛擬失真情。

此辨喝龍點穴之非

山。上。龍。神。不。下。水。先。賢。真。訣。分。明。語。時師却把水來輪。衰旺順逆紛無已。誰。知。水。法。不。關。山。失。水。乾。龍。會。上。天。直瀉直奔通不忌。蝦鬚蟹眼莫求全。

此辨山穴兼論水法之非

雲陽本是先天老。衆説紛紜如電掃。血淚沾巾歌再歌。天機説盡誰人曉。

天元歌第三章 此章論平洋水龍

天下平洋大地多。平洋龍法更如何。世人說盡平洋訣。都把山龍渾揣摩。平龍原不與山同。郭璞分明說水龍。水龍一卷從來秘。不許輕傳洩化工。我代雲陽行普度。一言萬古鑿鴻蒙。神呵鬼責甘心受。造福生民在掌中。水形來落有根源。大地平鋪一片氈。首尾去來無定所。分枝過峽不須言。莫把高低尋起伏。休猜渡水復穿田。山是真陽神在骨。地是純陰精在血。山常葬骨不離肉。地常葬肉不離血。人言生氣地中求。豈知地氣水邊流。流到水邊逢水界。平原灝氣盡兜收。

首章發明平洋之穴以水為龍與山龍迥異開千古所未曉

水龍原不異山龍將水作山以類從水龍即是山龍樣枝幹分行事々同大江大河幹龍形小溪小澗支龍情幹水滂蕩少真穴猶如高山無正結支龍屈曲情相得譬若成胎有落脈

此言水龍行度與山支幹落脈一體格法

山性本火主炎上水性純水主潤下炎上高起是真龍潤下低蓄是朝宗山穴後高丁祿盛水穴後高絕無蹤

此言水龍與山龍取用高低之辨

自上而下山之止自外入內水之止山來多止々求真水來多

止止貴神若是止形皆可穴頑山頑水盡黃金

此言水龍與山龍各有真止

我有水龍真要訣水形有轉是真結直來直去龍之僵有曲有動龍之活一轉名為抱穴龍抱穴富貴在其中二轉三轉貴不歇四五富貴不須說轉處不分名息道轉入分流名漏道惟有息道是真龍漏道多轉總成空轉水不漏皆堪穴不必止處求盡結盡結原來是龍頭轉處腰腹亦堪收龍頭偏側俱精妙腰腹完全力亦悠

此言水龍轉結真機

求全不用水來多一道單纏養太和更有沓龍從外護愈多愈美酒添酥雖取群龍來輔佐還從一道作龍窠

此言水龍結穴以內水一道為主

別有雌雄兩道交〻時一似馬同槽此是水龍奇妙格相吞相戀福難消

此言水龍交烝之穴

水中亦有水龍星五曜時〻現正形五曜只求金水土木身有轉土之情直木火星皆最忌水形吞吐露金精若應三垣并列宿官階職品最分明但取穴星親切處不離金土蘊真靈

此言水龍星體

五星論定穴應裁。三法千秋慧眼開。坐水騎龍為上格。挾龍依水亦佳哉。向水攀龍非不美。後山有水始無衰。掛角更兼三法定。莫親漏道損龍胎。胎即貼身一轉處

此直指水龍裁穴三法歸本於坐後水神而最忌漏道

龍胎雖固稱人心。遠水安墳死氣侵。沾着水痕扦貼肉。陰陽交度自生春。

此言水龍下穴貼水之要

平原春到好栽花。春謂合元之水 挹注盈虛氣脈賒。真水短時結氣短。

真水長時實可誇。長龍定主源〻貴。短龍只許富豪家。平烝不如環烝足。平環謂到頭之形龍逢轉動發萌芽。更有一端分別處淺深濶狹辨龍車。車謂圓大之水有界水謂帶秀無界水謂空車

此辨別水龍穴氣盈虛禍福久暫厚薄之異

水若乘車號秀龍。空車湖蕩是痴龍。得運痴龍能發福。外情內氣要相從。帶秀痴龍能顯赫。痴從後蔭福無窮。

此言湖蕩水龍格法

從來水路後天成。不同山骨先天生。山骨培補終不應。水脈疏濬引真情。當年無着修龍法。脩着之時旦夕靈。莫道人工遜天

造江淮河漢禹功平

此言水龍修補之妙以下乃論理氣作法

水龍剖盡骨生香入用元機不可量八卦三元并九曜毫厘舛錯落空亡問君八卦如何取洛書大數先天矩五帝三王緯地書九州九井多經紀只把傍龍一卦藏莫憑三八分條理識得九龍〻骨真骨若不真飛不起

此言水龍只取值元一卦為旺方

九龍八卦貴乘時上下三元各有宜葬着旺龍當代發葬着平龍發迹遲葬着死龍憂敗絕縱然合格也難支不是八神齊到

穴出元之局莫相依 八神齊到謂四面有水來

此言水龍八卦三元氣運之衰旺

定局惟看貼水城毫釐尺寸要澄清更有照神能奪氣外洋光透失宮星宮星若重平分勢焰神若重獨持衡外照過多分氣亂不定分房運改更更有水龍真骨髓只將對脈論來情來情若在真元位諸局參差一半輕轉折短長純雜處此中消莫眼惺々

此言水龍宮星照神兩氣兼論之法而歸重於來情

三元既辨龍神旺九曜不純龍力喪此是山家大五行納甲爻

中應天象。五星二曜轉乾坤。稟命天機萬化根。在天北斗司元氣。在地八卦顯天心。四吉四凶分順逆。父母二卦顛倒輪。向首一星災福柄。即生入剋入去來二口死生門。即內流外流青囊萬卷無非假。惟有天玉是真經。元空洪範并三合。八曜黃泉枉問津。尤恨去來生旺墓。害人父母絕兒孫。能將九曜為喉舌。九曜即三吉龍大地乾坤一口吞。

此言水龍真訣在九曜大五行立穴消納惟此為重而辨諸家理氣之非

更說高原無水地。亦有隱穴在其際。乘高臨下即江湖。萬頃低

平能界無高低數尺合三元一旦繁華諸福至若坐低空在後山數世箕裘常不替

此言高低隱穴之法

江北中條平地龍無山切莫要尋蹤雖是乾龍無水道溝渠點滴有神功隱隱微茫看水法葬法實與江湖同我向乾流指真水能使上士開心胸

此言中州無山平地取乾流為水法與江南似異而同

高山坦處近平田莫作山龍一例看若遇乾流或水際亦將此法論三元雲陽留得三元訣欲向人間種善緣

此言山麓之穴兼論水局三元另一格也

語君葬水勝葬山葬山歲久氣方還水葬吉龍并旺運三年五載透天關山本陽精中抱陰〻精是水陽內存葬陽得陰〻漸長葬陰得陽〻驟神

此發水龍速應之理

楊公昔日救貧法但取三元水龍合王侯將相此中求無看禪師金口訣杜陵狂客不勝愁四十無家浪白頭只為尋山貪幹氣蒼苔古道漫淹留水龍一卷贈知己大地陽春及早收

天元歌第四章 此篇論陽宅

人生最重是陽基。却與墳塋福力齊。宅炁不寧招禍咎。骨埋真穴貴難期。建國定都關治亂。築城置鎮係安危。試看田舍豐盈者。半是陽基偶合宜。

此言陽宅與陰宅並重建都立邑極大作用也

陽基擇地水龍同。不用前篇議論重。但比陰基宜濶大。不爭秀麗喜粗雄。大蕩大江收炁厚。涓流滴水不關風。若得亂流如織錦。不分元運也亨通。

此言陽基龍法。一如水龍。而必取濶大。乃可容受。宜擇曲折

多水之地即非本元亦妙

宅龍論地水龍裁尤重三門八卦排只取三元生旺煞引他入室是胞胎一門秉旺兩門囚少有嘉祥不可留兩門交慶一門休大事歡忻小事愁須用門門多吉位全家禍福永無憂三門先把正門量後門房門一樣裝別有傍門并側戶一通外氣即分張設若便門無好位一門獨出始為強

此言陽宅門氣

門為宅骨路為筋筋骨交加血脈均若是吉門兼惡路酸漿入酪不堪斟內路常兼外路看宅深內煞抵門闌外路迎神并界

烈迎風界水兩重關

此言陽宅路氣

更有門風通八氣牆高屋闕皆難避若遇祥風福頓增若遇煞風殃立至

此言陽宅風氣

矗矗高高名嶠星樓臺殿宇一同評或在身傍或遙應能迴八氣到家庭嶠壓旺方能受蔭嶠壓凶方鬼氣侵

此言陽宅嶠氣

冲嶠冲路莫輕猜須與元龍一例排冲起樂宮無價寶冲起囚

宮化作灰

此言陽宅冲氣

村居曠蕩無關鎖地水兼門一同取城巷稠居地水寬路衢門
嶠並司權

此言城市鄉邨陽宅之異

一到分房宅氣移一門恒作兩門推有時內路作外路入室私
門是握機當辨親踈并遠近抽爻換象出神奇

此言陽宅分房之異

論屋神祠理最嚴古人營室廟為先夫婦內房猶特重陰陽配

合宅根源

此言神祠寢室為尤重

八宅囙門坐向空三元衰旺定真宗運遇遷流宅氣改人家興
廢巧相逢

此言入室以門而定不取坐向即氣口反為初之義而歸重
於三元衰旺故宅有隨時興廢之巧

此是周公真八宅無着大士流傳的天醫福德莫安排只好遊
年斷時日逢興鬼絶更昌隆遇替生延皆困廹太歲神煞若加
臨禍福當閑如霹靂門内間間有宅神值神值星交互測此是

遊年剖斷機不合三元揔虛擲
此辨小遊年翻卦必準三元運氣乃斷吉凶
九星層進論高低門架先天卦數推雖有書傳都不驗漫勞大匠用心機
此辨層進九星閒架卦数之非
山龍宅法有何功四面山圍亦辨風或有山溪來界合兼風兼水兩相從若論來龍休論結ゝ龍藏穴不藏宮縱使皇都并郡會只審開陽不審龍俗言龍氣結陽宅此是時師識見庸待取陽居釀家福山居不及澤居雄

此言山居定氣法

陰基蔭骨及兒孫。陽宅氤氳養此身。偶爾僑居并客館。庵堂香火有神靈。關着三元輪掌氣。吉凶如響不容情。透明此卷天元宅。一到人家識廢興。

此言陽宅蔭生人視陰地較速凡有棲身者不可不慎也

天元歌第五章　此篇論選擇日時

地利天時。古聖言。堪輿兩字義相連。浪說江南無大地。但取年月。日時利。真龍大地遍江南。也要天時一力添。初年福祿天時驗。歲久方知地有權。

首言日時雖不及地炁亦司初年禍福故當兼重

諸家尅擇最紛紜。拘忌多端誤殺人。此家言吉彼家凶。對盡諸書總不同。五載三年精一日。萬般福曜總成空。古來天子七月葬。士庶踰月理不曠。年月何嘗有廢興。日時只許論孤旺。春秋葬日滿經書。但辨剛柔內外宜。裨灶梓慎俱博物。豈昧陰陽悞萬幾。諸家選擇盡荒唐。斗首元辰失主張。奇遁演禽皆倒亂。不經神授莫猜詳。世人尅擇重干支。生命亡命苦相持。致使子孫冲犯衆。多年不葬孝心違。

此歷辨諸家選擇之非

豈知死者已無命。反氣入地為復命。復命能司造化權。生者命從葬者定。故有仙人造命訣。不是干支子平法。渾天寶照候天星。此是楊公親口訣。不怕三煞太歲冲。陰府空亡俱抹煞。年尅壓命有何妨。退煞金神皆亂發。一卷天元烏兔經。留與人間作寶筏。

此直指選擇造命之法而歸重於天星可廢一切神煞拘忌
之說

推原天地渾沌成。惟有日。月。是真。精。金烏。玉兔。本一。物。五星。四。
炁。從。此。生。人生稟受太陽氣。萬物皆是陰陽萌。聖人觀象演歷
法。干支甲子作天經。五行俱是陽中炁。神煞何曾別有名。只將
日月司元化。萬象森羅在掌心。

此言造命天星以日月為主

世間萬物各有命。不但生人男女定。造物制器可同推。修造葬
埋咸取証。日月五星大象同。一時八刻一移宮。造。命。元。機。時。作。

躔或作纏

主毫厘千里不相同

此言萬事萬物各有命而其機在於時

先將晝夜別陰陽晝夜晨昏出沒詳十二宮中三十度大約六度是分疆盈縮授時毫末細量天廣尺未能量

此言用日月須分晝夜而按十二宮分度

二十八宿七政明論宮論度要分評深則論宮淺論度一分一杪不容情五曜四餘扶日月生尅制化準天平命入躔宮變五炁日月隨命分五行最取用星為福曜有恩有用作干城用若專權為上格忌星一襍福斯輕

此論躔命五行而歸重於恩用

用曜一星落何處。陽時陰候分邊際。冬夏二至陰陽極。春秋兩分是平氣。平氣陰陽用可兼。猶看晝夜與宮垣。暑過平氣陰陽別。當極之時禍福專。陽令惟用金孛水。陰令惟用羅與火。秋木獨宜水兼孛。春土火羅金計。土春在分後須陰助。秋在分後宜陽輔。

此言四時用忌之變

宮辰星體兩兼收。度前度後要深求。尤向五星探伏現。逆來順去并遲留。三方對照緊相隨。同宮隔位一例推。拱夾有情權力大。日。月。交。受。格。尤。奇。

此言宮星恩用諸格正變之法

身當旺令不須恩。但將用曜作根源。平。令。獨。恩。難。發。達。良。時。得。用。尚。無。懲。以恩為用眞至寶。以難為用多起倒。以恩為忌壽而貧。以難為忌身不保。

此言恩用難用之法

本宮端的管初年。宮若不純須舍旃。必取宮身俱妙合。長安花滿任揚鞭。

此言宮星並重之法

就中暗曜最難知。空地翻同實地司。寅戌兩星光在午。丑亥二。曜子中推。

此論暗曜變格

更有横天交炁法。寅申有曜亥宮思。巳丑卯宮亥未酉。短長多。寡度中移。

此論横天交炁法而借亥卯未三宮為例

果老星宗此的傳。星書卷卷失真詮。諸般格局皆虛假。升殿入垣莫掛牽。

此辨星書諸格之謬

月逢晦朔同為福何必蟾光三五圓但忌陰陽當薄蝕七日之
內莫爭先太白晝夜經天日難忌洪災恩大權
此倫論晦朔薄蝕經天宜忌
日魂月魄命之根五德五星應五倫掌握乾坤惟此理璿璣經
緯治斯民劉公昔日佐真王建國行軍掃大荒無奈歷官多失
學增添宜忌漫平章天元秘寶今朝啓傳與羲和佐聖王
此推言造命法本於天官歷法有大作用在
雲陽五曲號天元雖是人為實至言普願知愚咸解悟故將俚
句廣流傳一句一聯包數義通之便是地行仙其中奥旨須尋

味。慎莫差訛累後賢。

天元餘義

余既作天元歌五篇。授山陰呂子。門人于鴻猷輩為之章句。其於山龍平原陰陽兩宅之真機。既已大暢厥旨。無復遺義。然其為文。猶引而不發。世之覽者。若已知我法。則尋文會意。表裡洞然。如未知我法。徒推測於辭義之間。鮮不循涯而浩歎矣。癸卯長至。薄遊丹陽。訪黃堂丹井之蹟。邂逅群彥。究論天人。抉滯辨疑。復成篇幅。以其反覆雖多。終不越五歌之旨。故謂之天元餘義云。爾杜陵蔣平階大鴻氏筆。

龍法三格辨

龍者借名。非眞龍也。亦曰天地之氣而已矣。氣乃純陽。龍亦純陽之物。以其相類。故借名也。龍善變化。能大能小。能屈能伸。能隱能現。能飛能潛。謂地曰龍者。亦以地氣之變化。似之。世之論龍。概舉一法。不知地之為氣本一。而氣之發用多端。余特疏其名而定為三格。一曰高山之龍。二曰平岡之龍。三曰平原之龍。高山千里來龍。分幹分枝。連屬不斷。觀其節節槎枒重重甲莢。有本有末。與木之根幹枝條無異。雖屈曲輪囷強弱巨細之不同。総從大幹中抽引而出。地脉剝換。數起數伏。斷而復斷。却無處不連。滄海蓬萊。殊方異域之山。未有不與崑崙天柱通根屬命者。蓋稟天地陽剛之性。歷萬變而質不撓。其自大而細也。千仞之山。東成一縷之脉。其自細而大也。一縷之脉。復化為千仞之山。蓋其為體。隱現在骨。雖穿江渡海。而地底石脉。自在重泉之下。其氣自上而下。自沉而浮。此乃地脈真精髓液。固結膠注。如珠如玉。寶氣流行。葬者穴之。骨與骨接。髓與髓粘。此其為用。惟宜索脈。索脈之道。微而實。顯縱變化。微渺必起穴星。譬之於木。脈者枝條。而穴則花房菓蒂也。譬之人身。脈者其骨。而穴則骨將盡際。其節隆然者也。雖散落平坡之中。萬里遙空。四畔無輔。而一起星辰。接連真脈。皆作山龍而論。葬法或石或土。以求真穴。追琢自然。天巧人工。思議都絕。此一格也。平岡者、高山之餘。筋膜膚肉。逶迤而下。以入于田原者也。其重岡之中。頓起星辰。有脈可尋。有穴可求者。乃山龍之脫卸變現。原屬山龍。不作平岡而論。專言平岡者。謂其龍不顯脈。穴不起星者是。雖近在山坡之下。尋丈之遙。觀其地勢。似乎有所自來。而既不起星。只名平岡。此不得以來龍接脈星體立穴之道求之。俗所謂高一尺為山。低一尺為水。至此乃可入用。蓋合山水相兼作法。以低處作水。界定高處土膚之氣。論局立穴。純借外氣。乘元用事。此其立穴。必有砂角攢簇。水城環繞。勢夷而特。形散而專。必待旺氣元中乃能發福葬法鑿地容棺深不及泉此一格也平原龍者既無山脈亦無高岡地局至此雖有高低不名起伏雖有袤延不名過峽一切來龍格法結穴星辰總非所論而其體其用專在于水或取溪澗或取江河或取池沼或取溝洫涓滴流澌情同巨浸人工所鑿力比天成水行即是龍行水轉即是龍轉水分即是龍分水止即是龍止蓋天地陽和與天一真精陰陽交合孳尾孕育內外招攝剛柔相涵此坎離代乾坤之妙用不可以名言者也其為地也必乘元運旺氣而發應速而力大其龍名水龍穴名水穴譬之人身山穴其骨而水穴其血此陰中

之陽。變動無方。葬法不辨土色。不穿深壙。培土立穴。陽精上浮。此一格也。凡此三格所在有之。莫謂山國論山。水國論水。因乎風土也。百粵深山幽谷。以至中州漠北平原曠野之地。莫不有用水之法。惟高山之穴不論水。故楊公曰山上龍神不下水。水裡龍神不上山。其義如此。而鮮者刺謬。流傳既久。本旨不彰。予藉師授。特為世人剖明之。山穴雖不取水。然或水大于山。有時亦為水神所制。必待水局旺元而發。平岡之用水。則與平原無異。由此言之。山一龍法也。水一龍法也。雖名三格。實二法耳。不辨此二者。而概名曰龍。恐於龍之為義。未有當也。

陽宅三格辨

人生禍福之数。陰宅居其半。陽宅居其半。若陰宅不沾凶氣。一遇陽宅吉祥。輙致顯榮。若住基正屬良危。縱有佳扦。亦難發達。陽宅之不可不重如此。予為辨之。亦有三格。一曰井邑之宅。二曰曠野之宅。三曰山谷之宅。井邑之宅。或居城郭。或居市廛。萬井爨烟。重闉比戶。地脉朝向。大畧相同。而考其吉凶。判然各別。此其為用。街巷道路為先。方隅風門為要。而水局次之。蓋車馬人跡。咽咽闐闐。響振塵飛。無非動氣。此其噓枯吹生。燄逼影激。不同岑寂之鄉。若更獨得水局。舟楫交橫。尤為出格之宅。得其元者百萬驟至卿相立躋蓋此宅也曠野之宅以水為主而風門方隅次之道路又次之若大江大湖則其應亦大小溝小澗則其應亦小此與平原龍法體格合一而微有細大之殊各擅一方氣鍾於特若元運綿長奕世承祧子孫不替蓋此宅也山谷之宅以風為主而餘皆次之蓋其風摩空而下障之者萬尋而漏之者千仞萬竅怒號排山拔木其吹祥也發不旋踵其吹咎也殄無遺跡非真得元龍之氣我不敢居也嗚呼安得三元不替之深山窟宅而世其庥乎雞犬桑麻與世迴絕擬于仙都蓋此宅也凡此三宅皆擇堂氣開舒水泉平衍之地而築之而

不關龍脉之結聚。世人謂龍脉結成陽宅。此說非也。即大而郡邑。更大而京師。亦擅氣局。非關龍脉。其所謂聚。勢聚而已。豈有金針玉線。纏綿絡繹而入我之戶牖哉。蓋山龍之氣。一縷靈光。如花房含露。香味細滑。但與人之骨體相沾。不堪遍灑于階堂門闥。凡陽宅之所收者。外氣而已。山川風物。挹攬光華。雲奔電轉。其作用在土泉之表。非求之地絡之陰。至於翻卦遊年。此占年之小數。非定宅之正經。苟知楊公真八宅之旨。則概可略已。此皆昔人未發之義。予特為辨晰。以告世之一於相宅者。

覆舊墳辨

語云。前事之轂。後事之續也。前車之覆。後車之鑒也。故學地理者。莫要於覆舊墳矣。得一義焉。授一法焉。合之舊墓無有不驗。而後可據以為實。或其說雖是。而與舊墓吉凶不合。中必有誤。當再加考訂。而後去取決焉。予弱冠失恃。先大人授以青烏之書。數十萬言。靡不成誦。又遍交時師。于當世地理之說。既詳聞之矣。及以按之舊家名墓。往往不合。心竊疑之。遂思棄去前說。別求名師。後得無極真傳。乃以所傳印之古先名墓帝王陵寢。以至民間休咎之應。探跡尋蹤。必稽其實。如是者又十餘年。而後信其秋毫不爽。于是縱觀天壤。始有逢源之樂。予之得力於

覆舊也如是。然須先得真傳。而後覆舊。否則反致以是為非。以
非為是。病根膠葛。永不可拔。蓋舊蹟之應驗無差。而肉眼之品
題多妄。或其家本發於舊墓。而反指點于新扦。或本發於新扦。
而反指點為舊墓。遲速不齊。世代相溷。此一誤也。更有一塚之
中。或主穴發福。而人反取乎祔葬。或祔葬發福。而人反取乎主
穴。丈尺之內。大有徑庭。又一誤也。更有其地本屬平岡。而以高
山之結穴目之。其地本屬水龍。而以平岡之作法目之。穴法不
明。經緯紊亂。又一誤也。更有真龍正結。已為舊家所得。而下穴
之人。概非大匠。即遇名賢。而吝惜天寶。不肯盡法。或沾餘氣。而

福力輕微。或揷旁枝。而房分偏駁。天然真穴。藏而不露。後人罔知。以為地止此耳。執此論龍。〻法不盡。執此論穴。〻法并乖。又一誤也。更有其地本從龍穴而應。世人謬題為某水某砂。某地本從水法而應。世人謬題為某星某龍。即如陽宅。亦有數端。或門路風閑。一時驟起。而論者妄揣其來龍。或修方外氣。符合元神。而論者偏裝其卦例。凡此之類。萬路千岐。一瞽能瞽百明。一聾能塞百聰。術士矢口訛傳。主家畫為定論。雷同附和。堅不可攻。甚而繪其圖像。鐫諸棗梨。後世按籍而求。凜若蓍蔡。不知淵源已失實也。雖有智者。孰克從而較正之哉。相與沿襲舊聞而已。一旦遇高識之士。指點真機。訂其訛謬。反詫為異說。姍笑及之。于是覆舊一條大路。湮沒邪蹊狗竇之中。莫可救正矣。至於古來陵墓。雖班班可考。而世数遼遠。真跡茫然。狃于世人傳述之言。百無一實。必須自出手眼。剪荊棘而露真蹤。挽迷津而歸正道。然後前人之面目方顯。後學之眼界始開。余所謂慎言覆舊。反覆咨嗟。其意在斯。若不得真正心傳。不具絕倫識見。而汲汲引舊蹟為証。將不啟其明。反導其暗。我懼其愈覆而愈誤也。哀哉。

真穴辨

平原有平原之真穴。山龍有山龍之真穴。皆真穴也。而其用則異。平原之真穴。不接龍脈。不問穴星。不辨土色。非因天造。乃出人工。此等穴冥合者甚多。因其既發。競誇以為得真穴。而其所以然之故。卒不可得而知也。此非真得楊公真正口傳心印者。未許目擊而心契也。其為穴也。一坵之內。自別榮枯。今昔之殊。頃移衰旺。雖有一定之蹤。常隨氣運而轉。有外相而無內相。外氣即是內氣。山龍之真穴。全在內氣。有外相。有內相。識者必先因外相。審其內相。外相與內相吻合。扦之不失。或外相與內相稍稍不合。加減就之。所去不過丈尺之遙。要之內相生成尺寸不移。石穴第一。太極次之。真土又次之。石穴非頑石。必有龍口枕棺之石。有似琢成。正可容棺。穴為真穴。向即真向。太極者。土穴也。非謂紅黃青白便屬真土。須此圜之內。土色靈巧。全與此山不同。重重包裹。濃淡淺深。璀璨奪目。太極即真土也。而更立真土穴者。同為真土。特少圜暈。氣稍散誕故也。惟真石真土二者。是真穴証佐。如無此証佐。即非真穴。凡余生平所下山龍之穴。未有不得此而泛指為真穴者。此等佳穴。世人非不知之。非不羨之。而百無一遇。只緣不知外相耳。不知外相。皆因不善審脈。不曉星體耳。既不審脈。不曉星體。而孟浪開鑿。從何憶中是求元珠於赤水。得之者恒少也。嗚呼、種德之英不屢見。天地之寶不世出。其湮沒也宜哉。予體大道無私之心。感吾師授受之旨不忍盡秘。聊為辨出。以待後賢。亦大道為公之極處耳。世之論穴者。不啻千百家。我謂摠無真訣。最悖理者。喝形點穴一家。曰龍形下龍頷、虎形下王字、象形下鼻、龜形下息、蛇形下七寸、鳳形下翼、或下啣珠、獅子下戲毬、蜘蛛下網心、人形下臍陰、獸形下糞門、黃蛇聽蛤、其情在耳、雁落平砂、其情在蘆、織女拋梭、動在兩乳。仙人獻掌、穴在掌心、刀劍形其用在靶、弓弩形其發在機、響器以吸處出聲、圭瓚以執手為用、粧臺必有粉盒、棋盤須點将軍、蘆鞭要識落花心、蓮葉宜看側露、梧桐葉上偏生子、楊柳枝頭出正心、蛇行有毒、犬性必狂、蜈蚣貴有蜒蚰、猛虎宜見肉案、如此之類。不勝枚舉。嗚呼。彼直以為有此名。即有此物矣。不知天地開闢。即有山川。人與萬物。俱在其後。至于一切器物。五帝三王。隨時制造。彼山川者。又安知千萬世後将有此器。而先肖其形。以待之哉。據此論穴。亦愚甚矣。予觀青田先生作記。亦用喝形。此則眼中看定真穴。而無從顯言。故托物寄情。緣形寓巧。使後人循文會意。彷彿遇之耳。豈青田者而沾沾喝形為哉。

又有種種証穴之法。曰明堂証穴、曰水城証穴、曰案山証穴、曰曜星証穴、曰鬼樂証穴、曰天心十道証穴、或以案山之高下、定穴之高下、或以過峽之浮沉、定穴之浮沉、或以龍從左來穴居右、或以龍從右來穴居左、此皆不知真穴消息。舍本尋末棄主尋賓。暗中摸索。有眼盲人而已。似是而非。莫此為甚。又有以五星定穴者。曰金星宜開口、土星宜掛角、木星宜楸皮、宜節苞、火星宜剪火、水星宜求泡、差為近之。而執定五星。總非真訣。又世傳楊公十二倒杖。故云既知倒杖之法。方知卦例之非。夫卦例豈為山龍之用。而牽合至此。真未夢見。意楊公携杖登山偶爾隨機指點。後人神其說。以為穴法在杖耳。豈真在杖哉。且立穴止有一法。何假十二。至于一法之用。千變不窮。又豈十二之所得盡哉。更有窩鉗乳突四穴。論穴之理。實不外是。而四者不可分言。蓋有乳突而後有窩鉗則真窩鉗也。無乳突而但云窩鉗。其窩鉗未可輕用也。且窩鉗有假。而乳突亦有假。辨真假者。非真傳法眼不能也。更有蓋粘倚撞四法。夫粘撞似矣。而蓋與倚何為也哉。倚猶可言也。蓋則必不可用也。無論氣從下過。即其穴形。亦且高而露矣。或曰大龍劍脊而來。入穴不再起星。開礦下穴。有似乎蓋。不知此原屬撞法。不可謂之蓋也。若其裁制之法。有曰乘金相水、穴土印木、而論者從而析之。水曰金魚、曰蝦鬚曰蝦眼、砂曰蟬翼、曰牛角、此其取義、似極精微、故又曰、若還剖破太極暈、蟻水便侵棺、是專以微茫界水為定穴準繩也。我謂金魚、蟬翼等、喻只是相水作用。而于乘金穴土印木三者。概乎未詳也。夫必先乘金而後相水穴土印木次第可舉。安得斤斤以小界水為第一義也。且微茫之水。豈盡本來面目哉。山形自開闢以來。不知幾經滄桑。犁耕樵斸。獸蹄人趾。無日不墮高堙卑。移乾換濕。而乃欲據以定穴。鮮有不悞者矣。皆由學者不知大本大原。真情真體。見識不的。而用意太深。傳受不明。而聰明過巧。故好以影響為逼真。恍惚為微妙也。真知穴者。一見洞然。

如明鏡照物。不待旁求。無煩苦索。不過曰龍脈真星體確浮沉吞吐前後左右之間求取真穴而已。既得真穴有界水亦得。無界水亦得。有蔭砂亦可。無蔭砂亦可。蓋山形之顯著者。古今不移。而土膚之隱微者。水草易變。不敢舍所可見。而信所不可知也。有為至精之論者。曰草中之蛇。灰中之線。雲中之雁。盞中之酥。予嘗有味乎其言。蓋別有一種脫落變幻之穴。骨氣消融殆盡。散落平夷。渺不可測。則用此眼法求之。無中生有。虛中取實。正把捉之法。非虛渺之談也。若非此等龍格無所用之。豈謂凡下穴者。盡舍其昭昭而索之冥冥哉。世人所指太極乃外象之太極。我所論則內象之太極。苟不剖破。何以容穴。若不得真穴。雖不剖破。蟻水難免。既得真穴。剖破正所以接脈。接脈正所以避水。蟻水又安從侵棺耶。我謂古人設此諸論。本欲世人周規折矩。因此悟審穴之法。不意一法出而一弊生。解縛之法反成增縛之法。故直欲掃除一切名相之說。單提直提。不憚漏洩天機。犯造物之大忌。未審明眼之人。能廓然共見否耶。夫穴或在高岩之頂。或臨清冷之淵。或絕壁懸崖。俯視無底。或單身隻立。曠野無依。孤露却勝深藏。遠朝貴於近案。大地從來多近水真龍不怕八風搖。胎元既完。何須龍虎。真息聚處。奚假明堂。至寶常在路傍。無人能識。盛德不修。夫貌何處搜求。我為指出。亦有三法。一曰孕育之穴。二曰迎接之穴。三曰邀奪之穴。孕育之穴。結聚之穴也。或腰結。或大盡。真龍特出。變化方成。有奇脈。有正星。不是石函。須見太極。此穴至美。而以世目視之。翻見醜拙。故最不易識。葬之者大而聖賢仙佛。王侯將相。次亦奕世簪纓。苟非積世陰功。忠孝節義之家。不輕指點。此穴中第一格也。迎接之穴。不必真結。而亦此山變動發生之機。或起息肉。或掛流神折之之法。迎其旺氣。接其生機。故曰迎接。不見石函。亦無太極。只要真土潤澤堅凝。便為消息。大者亦致公卿。次之富貴蓄息。

斟之酌之。亦真穴也。邀奪之穴。龍身之穴也。真龍方行未止。而龍脊之上。勢若三停。穴星呈露。後見其來。前不厭去。則立騎龍之穴。或轉閑之處。真峽之旁。節苞萌芽。穴星忽現。龍身自去。此穴自留。則立斬閑之穴。凡此二穴。隨其龍身之貴稱量而發。亦出將入相。而世代不能悠遠。斟之酌之。亦真穴也。夫世人所以昧於尋龍者。因其不知龍格之不一。而槩曰真龍。于是真龍之理反溷。我為辨平岡平原之異於山龍。使尋龍者不溷。而各得其理也。世世人所以昧于穴法者。因其不知穴法之不一。而槩曰真穴。于是真穴之情反溷。我為辨迎接邀奪之異于孕育。使求穴者不涵而各得其情也。斯予不得已之心也。要之格雖有三。而其法本一。故曰得其一。萬事畢。穴法之謂也。

三元地理真傳卷之三終

華溪後覺子劉樂山管窺編

蔣公盤式

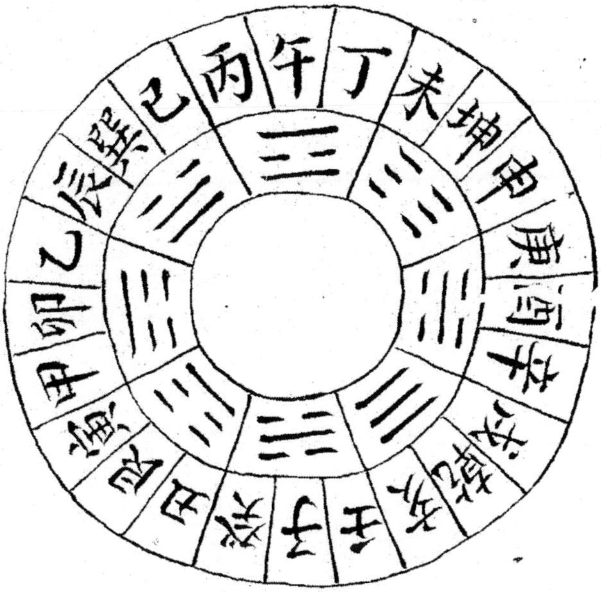

蔣公原銘

俯察之理。本乎洛書。父母六子。範十二支。三爻成象。位叅干維。三八品配。道盡無遺。後愚妄作。淆亂日滋。芟邪表正。易簡昭垂。

一用盤必用蔣盤。凡收水點穴立向。俱用正針。若照俗下外盤收水。則。干。支。卦。位。必。多。差。錯。而。害。不。勝。言。

一擇地。先。看。星。體。端。正。而。後。可。言。理。氣。

一是書。所。最。重。者。元。運。元。運。不。合。雖。星。垣。皆。好。理。氣。清。純。亦。未。可。用。謂留以有待也

一立向不。可。用。兼向在本宮猶且不可。出。卦。尤。忌。世俗分金之說。當一切掃除。以上四條是原本

元運收龍氣正圖

元運以一百八十年為一轉。分三甲子為上中下。一白二黒三碧管上元。四綠五黃六白管中元。七赤八白九紫管下元。值元當令為旺氣。初失元為平氣。再失元為煞氣。得旺氣則吉。得煞氣則凶。此論龍運。

歌曰　上龍一二三。上水九八七。下龍七八九。下水三二一。中水中龍四六關。二龍八水亦良弼。

元運收對待圖

此三元對待圖也。如上元一二三為旺氣。必下元九八七之水來。斯一二三之旺氣乃真。所謂陽順陰逆者此也。所謂父母二卦顛倒輪者此也。所謂倒排父母蔭龍位者此也。務須節節細察其骨之純雜而定其吉凶。此青囊雌雄交媾之妙用。天玉翻天倒地之秘旨也。

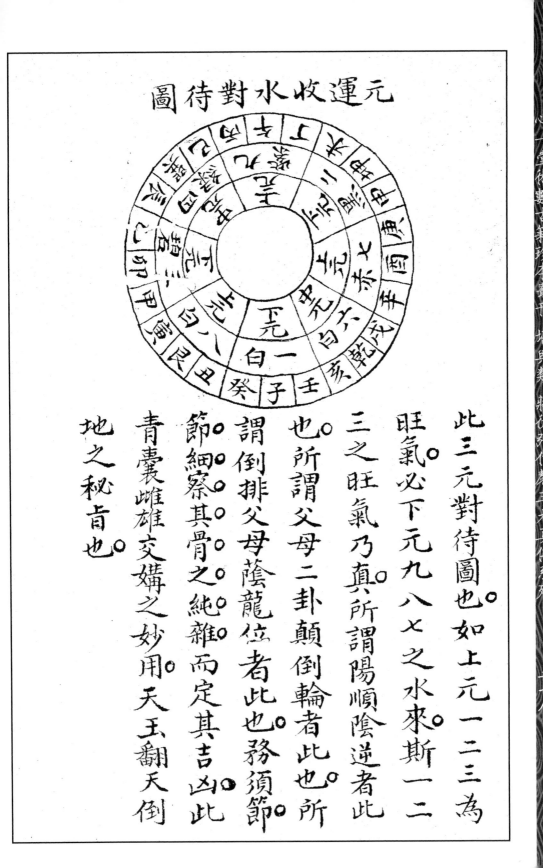

楊公看雌雄法

雌雄。陰陽之別名也。水屬陰。氣屬陽。葬地之道。乘天陽之生氣。而已。然陽則無形可見。陰則有跡可尋。看雌雄者。將有可見之。雌。看無可見之雄也。平洋以水為龍。此指龍之雌者而言。葬山坐實葬水坐空。同一義。因水認龍。此指龍之雄者而言。山水同此對待而已。

金龍動不動

蔣註云、金龍者。乃乾陽金氣之所生也。則金龍。即水神也。動不動。謂有曲折轉灣及枝條槎枒交會。止息則謂之動。若直來直去。是即歸厚錄所云。勁直死龍。焉耳。豈謂之動乎。此句只看水道之形象。下句乃及方位。龍無形。水有形。動不動。看有形之動不動。以識無形之動與不動也。於水為止。于氣為生。水之靜。即氣之動也。大抵成星體則動。不成星體則不動。

察血脈來龍

血脈。即金龍也。察、謂察其來之方位也。金龍既動。便當察其來路。而認其為何卦之龍。乃可乘元取用。蓋來龍本無可認。察血脈。即所以認來龍。此即陰陽對待雌雄交媾玄竅相通之妙義也。

水對三叉細認蹤

此即所謂城門一訣也。二水相交。必有三叉。是入手第一件緊要事。水對三叉細認蹤。即察血脈認來龍之義。此二條。皆言尋龍之法。勿誤認為立穴之法。

江南龍來江北望

江南江北。以雌雄兩片之對待言也。雌自江南而來。雄必自江北至矣。江北望者。望江北之雄也。其實江北之雄。無可望。望江南。正。所。以。望。江。北。也。此楊公看雌雄之秘訣。玄空大卦之妙理也。

朱雀發源生旺氣

朱雀發源者。水。之。來。源。也。生旺氣。言朱雀發源之水。來。生。吾。之。

旺。氣。也。水。無。生。旺。之。可。乘。若水果從當令卦位中來。便犯煞氣。而凶不可言。天玉經曰。若遇正神正位裝。發水入零堂。可知。龍。以。旺。為。旺。水。以。衰。為。旺。此句似指上元統龍而言。

陽從左轉陰從右通

此。即。陰。陽。對。待。之。義。精氣從天。精。炁。是。陽。故曰陽從左轉。胎息從地。胎。息。是。陰。故曰陰從右通。左轉右轉。以。數。言。不。以。位。言。左邊右路。只是對待之象。非左順右逆之謂。俗以左旋右旋分陰陽。謬以千里。

前後八尺不宜雜

此節言堂氣局氣。註云八尺、言其最近也。此乃立穴之秘機。須用長線打准貼穴之水入處盡處前後左右俱要極其清純。若雜他卦便非純乎生旺矣。來氣之遠。窮諸百里。堂氣局氣之近。辨以八尺。語意儘明白。況有更有二字别之。勿誤認八尺為來情之到頭第一節也。

第一義要識龍身行與止

龍身行止。從何處辨、在界割之有無而已。有蔭水則為收攝而止。無蔭水則不翕聚而行。水龍變態不一。而行止之辨。大約類此。

第二言來脈明堂不可偏

來脈者。來水也。如水來自離。則是坎龍。水來自兌。則是震龍。蔣公來情篇所載是也。明堂者。堂氣也。如近離水者為坎局。得坎氣。近艮水者為坤局。得坤氣。蔣公注受篇所載是也。不可偏言。來脈辨骨明堂辨方二者當兼而收之不可偏廢也。

第三法傳送功曹不高壓

傳送功曹。乃左右輔弼也。最要平夷。若有高突。即掩蔽陽和。房分不利。

第四奇明堂十字有元微

明堂十字。即穴內十字也。十字有縱有橫。縱則因局定向。橫則依水立穴。前半屬陽。後半屬陰。而左右皆公位。故從後半另開小水。必裁其廣狹長短以定此十字。所謂有元微也。

立向之道。端正為貴。形局子午坐向。亦宜子午。形局乾巽坐向。亦宜乾巽。若子午形局。而作乾巽山向。便滿局多成火曜矣。蓋正形正坐。雖小地亦能發福。所出人丁。皆端方愷直。豈非美事。立向一偏。衆煞交攻。瘟瘽盜賊。狹邪淫亂。無所不至。得元猶可。失元不救矣。

如子午局而作乾巽向。則水之直朝者。為斜飛矣。水之後抱者為反竄矣。本局之界割者成八字形矣。甚矣雙山三合之誤人也。

立穴固有偏左偏右之法。然所謂偏乃移左移右。非偏向之謂也。醒心篇云。恨殺時師下斜穴。欲朝客宿遠峯巒。本局款斜純殺烝。囑君此語緊牢拴。以上三條是原本

第五妙前後青龍兩相照

謂前高後低。左右平坦。如幕講師三堂式是也。

第六秘八國城門鎖正氣

八國即八方界抱之水也。八國不滿之處是為城門。以零神之

水。鎖。正。神。之。氣。故。曰。鎖。正。氣。也。此城門。非水發城門須要會之城門。彼。以。三。叉。言。此。以。實。地。言。也。彼。則。來。情。之。所。由。入。此。則。局氣。之。所。由。進。二者不可誤認。

第七　奧要向天心尋十道

蔣註云、天心十道。際頂八國城門來。蓋城門既定正氣之來蹤。又當於穴內分清十道。乃知入穴正氣。廣狹輕重。銖兩平衡之辨。此條須細玩此一局之內。何者是旺氣。何者是平氣。何者是煞。氣。合。內。外。局。逐。一。細。細。尋。求。必。旺。勝。於。煞。而。後。可。倘。煞。旺。平。衡。便。當。控。制。故。曰。奧。也。此十字。以數言。天心尋十道。是、尋堂局氣之十道。不可悞認為外氣。

第八裁屈曲流神認去來

流神屈曲。水勢合格矣。然去來之地。不可不認。認去來者。非重去與來之別也。重去與來之水。屬何卦氣也。若水之去與來無甚分別。得元則來固吉。去亦吉。失元則來固凶。去亦凶。不過稍有輕重之殊耳。流神屈曲。必有向背。向我為來。背我為去。既去復來。結氣愈厚。葬經所謂揚揚悠悠。顧我欲留乃妙。須于穴上認之。

天玉三卦

三卦上中下三元也。楊公三分九宮為三大卦。曰玄空。曰東西。曰南北。曰父母。皆其別名也。此天心之奧。而舉世皆茫然矣。

江東一卦從來吉八神四個一

江東一卦者。兌卦也。水從震來。氣從兌至。反而名之江東。即江南龍來江北望。江東龍去望江西之意也。八神。即八卦。四個者。數至第四位而更起一父母之卦也。一者。一元也。此卦力量淺薄。只能管一卦。不能有餘氣兼管他卦。所以謂之一也。

江西一卦排龍位八神四個二

此指中元巽卦而言也。坎至巽為第四位。故亦曰四個。二者。謂此卦能兼旺於下元。故曰二也。中元餘氣亦淺。僅旺下元二十年以後便不免有禍。

南北八神共一卦

此指上元坎卦而言也。不云四個者。此卦突然自起。不經位數。不同於東西二卦也。註云。此卦力量最大。能包含三卦。總該八神。為八卦之統龍。又非四個二之比也。

坎雖八卦之統領。然必兼收輔弼宮龍神。乃能三元不敗。否則九紫當令之時。亦所不免。此又挨星秘中之秘。所謂收得輔星成五吉。山中有此是真龍也。

　　三陽水向盡源流　富貴永無休

三陽者。丙午丁也。倒排父母。則壬子癸一卦也。盡源流者。言自近及遠。皆不出卦也。以三陽之水而能盡其源流。自然三元不敗矣。

三吉六秀

三吉。父母也。六秀。子息也。天玉以卦之中爻為三吉。卦之旁爻為六秀。並不忌辰戌丑未。或云四水在失元時。為禍甚烈。夫失元。何者不能為禍。奚獨此四水乎。

三才六建

三才。即三吉。六建。即六秀。水。龍。經。六。建。圖。非。是。

零神正神

青囊天玉。俱以值元為正神。元之對為零神。經曰、若遇正神正位裝。發水入零堂。蓋以正神裝在向上。以零神裝在水上。則雌雄兩得其妙矣。此收生出煞之秘要也。

乾山乾向水朝乾。乾乾峯出狀元

乾山乾向水朝乾。猶云乾山巽向水朝巽。中元取四六兩頭關。再得乾水。則中黃氣旺。而大魁可必矣。平洋以水為峯。故曰乾峯。下三句倣此

父母子息

卦為父母。左右兩支為子息。八卦皆然。此定理也。天玉青囊重父母而輕子息。蓋父母居中易清而不雜。子息居邊易駁而難。

純也。其實三爻原相伯仲。但得令有早晚。發福少輕重耳。

言坐此衰敗之水以收向前生旺之氣也。

背後水從生旺起

四大水口

水口即三叉城門口也。以四隅言則四。兼四正言則八。分二十四山而言。則二十有四。非僞說辰戌丑未之謂。

天元宮

經曰、子癸（天元龍）午丁（天元水）天元宮。卯乙（天元龍）酉辛（天元水）一路同。若有山水一同到。半穴乾坤艮巽宮。收得輔（八白艮水）星成五吉。山中有此是真龍。

天元。即上元也。上元宜專言子癸。而兼言丁午者。蓋。指。陰。陽。交。媾。雌。雄。對。待。而。言。也。言卯乙而兼言酉辛。同此義也。三四兩句。以水駁雜者言之。末的輔星成五吉。乃挨星之妙訣。蔣註云。天元雖包諸卦。而九星止有三吉。恐日久發洩太盡。末胄衰微。故須輔弼宮龍神合氣入穴。以成五吉。然。後。一。元。而。兼。兩。元。龍。力。悠。遠。不。替。矣。

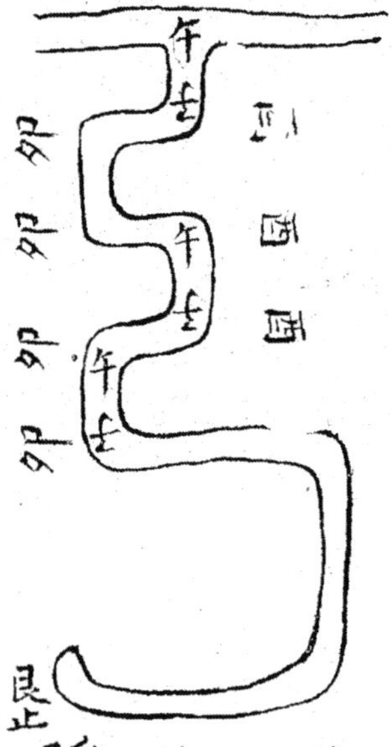

此為真天元龍。天元歌所謂龍骨真也。若丙壬出脈。便易雜巳亥丁癸出脈。便易雜丑未。

四隅龍倣此

地元宮

經曰、辰（人元）戌（人元）丑（地元龍）未（地元水）地元龍。乾坤艮巽夫婦宗。甲、庚、壬、丙為正向。脈取貪狼護正龍。（四者之中。惟丑是地元龍。未是地元水。至辰戌。似與地元不涉。然必辰戌幹水。發出枝水。乃真丑未。非謂辰戌亦屬地元也。）

楊公不滿地元龍。故以四隅之辰戌丑未言之。然世俗每以丑艮為夫婦。辰巽為夫婦。而不知皆非也。其實丑與未。辰與戌。為夫。婦。而。乾。坤。艮。巽。獨。為。之。宗。則下元三卦。亦。以。父。母。為。貴。可。知。

甲庚壬丙為正向。便作卯酉子午看。脈取貪狼護正龍。或離上有蔭水。或抱水是也。蔣註云。人地兩元。別有兼法。言。人。元。以。天。元。為。輔。弼。地。元。以。貪。狼。為。輔。弼。非。如。天。元。之。取。真。輔。真。弼。為。輔。

弼也。

人元宮

地元龍天元龍人元
天元水地元水人元

經曰寅申巳亥人元來。乙辛丁癸水來催。更取貪狼成五吉。寅申艮御門開。巳丙宜向天門上。亥壬向得巽風吹。中元必須四六兩頭關。乃為上地。若但一頭水到。只算次格。上元之龍。於中元正發。可於局內收之。非若地元之只可暗取貪狼也。

觀末二句。乃知首二句。當是艮坤巽乾人元來也。然既以寅申巳亥為四正。遂以乙辛丁癸為四隅。明其四面有水。為中黃之局。若是壬亥來脈。宜立亥向。則更取貪狼小水以成、五吉。若是巳丙來脈。宜立巳向。則更開寅坤申艮之門以收納之。然。畢竟。是。偏。氣。不。若。父。母。來。脈。為。妙。註曰、巳屬巽而反曰天門。亥屬乾而反曰巽風。顛倒裝成。其托意微而且幻。其所謂托意微者。以偏。氣。宜。向。不。宜。坐。也。不然。註何不即以向天門為亥向巽風吹為巳向。

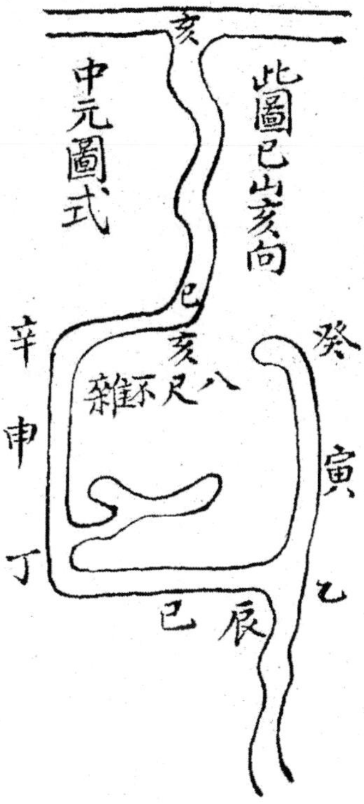

小水入口。口的真子午骨子。所謂更取貪狼成五吉也。

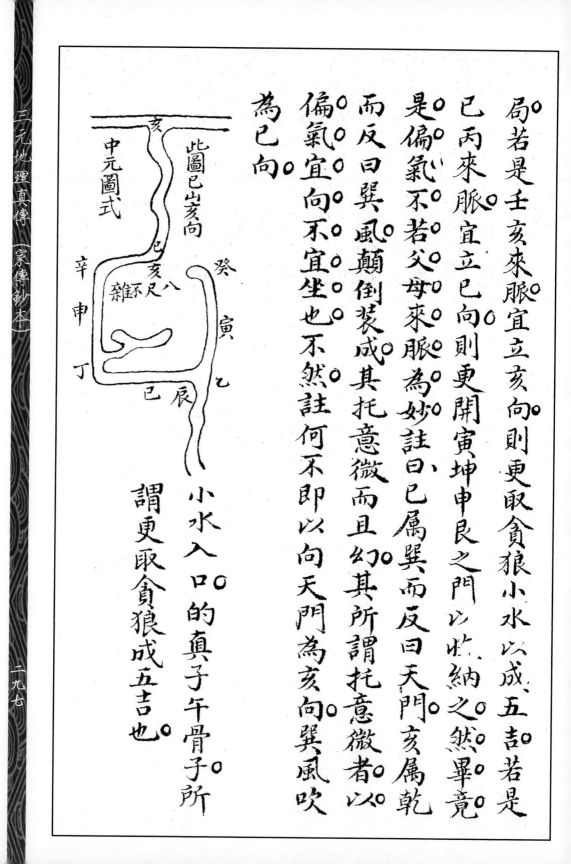

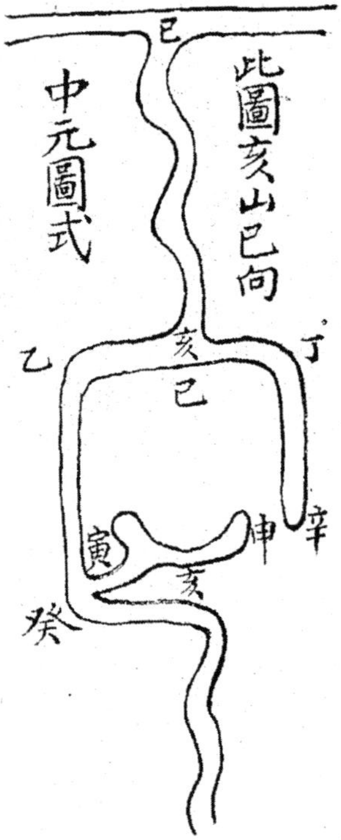

寅坤申艮御門開。

小水入口。的真艮坤骨子。

四十八局

蔣註云、二十四山。一順一逆。共成四十有八。夫所謂順逆。非順轉左旋。逆轉右旋之謂也。蓋即雌雄對待之義。有一雌即有一雄。一山兩局。共成四十八局也。

二十四山雙〻起

此即四十八局之所由來也。雙〻起。一雌一雄。兩〻對起也。千卷青囊。總。不。出。對。待。二。字。

北斗七星去打劫離宮要相合

離宮要相合。即。坎。離。水。火。中。天。過。之。意。

龍中交戰水中裝

平洋以水為龍。水乃龍之雌者。而。實。雄。龍。之。所。自。來。故曰水中交戰。則為正龍傷矣。正龍者。龍之雄者也。註以為入口交戰最是。非。入。口。之。交。戰。安。得。謂。正。龍。傷。乎。蔣公云、來情若在真元位。諸局參差一半輕。故。八。極。神。樞。亦。以。來。情。真。為。第。一。義。也。

干維乾艮巽坤壬（父精）陽順星辰輪。支神坎震離兌（母血）癸陰卦逆行取。

謂干維乾艮巽坤而。果。為。天。之。陽。也。則當順輪。支神坎震離兌而。果。為。地。之。陰。也。則當逆取。其意歸重父母。而。以。壬。癸。為。龍。水。之。別。名。隱。然。以。壬。癸。為。陰。陽。不。以。干。支。為。陰。陽。也。挨星即是元運。不分龍水。此。以。壬。癸。二。字。分。出。龍。水。故。曰。秘。中。秘。此條論得極妙極確精。氣。從。天。陽。也。故。當。順。輪。胎。息。從。地。陰。也。故。當。逆。取。二十四位。俱互為陰陽。非干維屬陽。而支神屬陰也。蓋。陰。陽。非。有。一。定。之。位。故。順。逆。亦。無。一。定。之。規。如支神坎震離兌而為天之陽。則又當順輪。干維乾艮巽坤而為地之陰。則又當逆輪。所。

謂父母二卦顛倒輪此也所謂翻天倒地對不同者此也總之順逆從陰陽不關干支俗術不識此義誤以干支字面硬别陰陽而分左右旋真夢中說夢耳而彼且自以為月窟天根在是也可哀也哉

蔭龍格

蔭龍形體當稍〻匾濶而四角亦不宜太方（謂不宜有稜角）立穴必對池之正中少偏左右則收氣不清且欠端平矣若立穴歪斜為禍更烈尤當慎之

凡坐水必量水面之濶狹而後可立穴太近則氣促太遠則氣

脫神火精所謂太近太遠光不接也遍地鉗云水邊花發水中紅窓外月明窓內白嗚呼至矣

立穴十則

一　星體

天有五星。地有五行。在天成象。在地成形。金圓。土方。火尖。木直。水曲。此五星之正體也。平洋只取金土水為三吉。木火不用。以尖直之形。其性剛暴。不能無煞氣也。

二　龍神

龍者借名。非真龍也。亦曰元運之氣而已。氣本純陽。龍亦純陽。龍善變化。氣亦善變化。以其相類。故借名也。知龍之為氣可知。是無形可見。無跡可尋者矣。知龍之陽可知山水土皆陰而非龍矣然陰之所在陽必求之故無形之陽恒寓於有質之陰惟楊曾洞徹陰陽對待雌雄交媾元竅相通之妙故其言曰細察血脈認來龍又曰江南龍來江北望江西龍去望江東開千古未發之秘其示人以有形之陰求無形之陽陰在此則陽在彼陰在彼則陽在此之要妙可謂深切著明矣奈何世人迷而不悟猶以高低起伏轉闗過峽者為龍也夫以實為龍非但不識平洋之龍并不識高山之龍矣悠悠天下無非矇瞽何可勝嘆哉

凡看來龍須細察其來脈或父母或子息或父母兼子息或

子息兼父母。一卦者為純。兼卦者為雜。天元歌云。八卦三元并九曜。毫厘差錯落空亡。又云只把傍龍一卦藏。莫憑三八分條理。識得九龍龍骨真。骨若不真飛不起。又云天元既辨龍神旺。九曜不純龍力喪。其純雜不可不辨也。如節節父母出脈。必無駁雜之病。父母兼子息猶可。若子息出脈。必雜他卦而犯差錯矣。歸厚録辨清辨雜之語。真喫緊秘要也。

三堂氣

堂氣。即局氣也。以貼身所近之水為主。不論前後左右。皆為局氣。如近離水為坎局。得坎氣。近乾水為巽局。得巽氣。此其大畧也。如近離水涉未。則坎局兼艮。離水涉巳。則坎又兼乾。禍福其有憑乎。蔣公所謂既知辨局又畏失胎者此也。必細按發機之水口得何氣止處得何氣我穴其圜左右並歸必卦氣清純旺勝於煞斯為全美倘煞旺平衡便當控制青囊之前後八尺不宜雜天元歌之定局惟看貼水城毫厘尺寸要澄清皆言堂氣也。下局可不詳審乎。

四朝向

凡水當面來而曲者曰朝。寶照云。出峽結成玄字樣。朝來鸞鳳舞呈祥。蓋言本身來龍之水曲折而入（此是向水攀龍格）當面朝迎抱歸穴後而止也。或非本身之水。另有一枝（此是倖秀格）客水。曲折逆入朝迎至我面前。而止或轉左右繞穴而去。皆是揔之要之玄屈曲節節整齊不雜不亂為妙。

五形局

謂抱穴水城之形局也。結穴有龍腹龍首之不同。必有蔭龍之水。遶抱太極。其形必如玉帶如半月方妙。龍首穴或無蔭龍水。其頭必特大。有垂乳啣珠之象。方成形局。水城既妙。又當觀其實地城門。并道路何如。揔要方圓端正。畧無傾仄逼窄殘缺。乃為全美。

六高低

即幕講師千里眼之法。穴前要漸遠漸高。左右要平坦。穴後要漸遠漸低。如天柱輔弼上。有墩阜屋宇。障蔽陽和。欺壓墳塚。大損人丁。不可不慎。

七外應

謂星垣之外。遥遠之處。或大湖大蕩。或高峯寶塔之類。雖遠亦有關係。

八翼衛

言。垣。局。也。星體既妙。更須垣局周匝。前案後托。左右輔弼。須層層包裹。環抱有情。略無反背斜飛冲射為妙。

九緊密

此。合。內。外。局。而。言。也。緊。則。氣。聚。密。則。氣。固。如形局曠蕩。則氣亦曠蕩。天元歌云。俗眼只嫌結局小。個中生意滿乾坤。言星體之緊密也。更有沓龍從外護。愈多愈美酒添酥。言垣局之緊密也。重重息道。層層關鎖。星垣兩好。斯為大地。

十元運

元運者。上中下三元輪轉之運。上元一二三管運。而一白為統龍。中元四五六管運。下元七八九管運。三元循環輪轉。值元為旺氣。初失元為平氣。再失元為煞氣。凡來氣局氣俱要得當令之旺氣。不可得當令之煞氣。一煞一旺。禍福天淵。雖得至美之地。而運不逢時。必不可用。歸厚錄云。與其得失元之大地。不如得乘時之小地。人壽幾何。待其去衰入旺。身與家俱盡矣。此真不易之論也。至其氣運之長短。力量之大小。雖各有一定。然又當以地力之厚薄。星卦之純雜。參觀之。

聞蔣公有葬法十則。而未之見。右十欵之目。係歸厚錄定卦篇後所列者。予為之次其序而條晰之。以管窺天。不知與蔣公所著者。不甚逕庭乎。抑猶河漢而無極也。惜不得蔣公真

本而証之。乙丑春莫後覺子自記

元運龍水口訣三首　趙文鳴

上元龍法是如何。九妹灣環抱一哥。更有八郎朝二母。東隣鎮日望西河。

即今語汝中元法。二八來朝生意發。要知四六兩頭關。五郎從此投胎著。

下元何處覓元音。子位空空挹午神。老母開籠私少子。大兄破腹納西金。

選日要畧

太陽日躔一度。週天三百六十五度。故一年一週天。計每月行三十度。太陰一月一週天。計每日行十二度有零。其數時憲書中朔望上下弦可徵也。朔則日月同度。望則日月對照。弦則日在子初度。上弦則月在酉初度。下弦則月在卯初度是也。選用之法。在取日月坐、照、拱、關、夾、輔之所在。則時下所忌諸煞。皆可制也。如亥山巳向。日在亥為坐。在巳為照。日在未月在卯。或月在未日在卯。則為拱亥山。取亥卯未三方拱向之意。如日月在寅申則為關。如日月在酉丑則為輔。日月在戌子則為夾。餘皆倣此。五星為佐。二至為極氣。蓋陰陽之極也。冬至必以火羅為用神。水孛為忌神。夏至必以水孛為用神。土計為忌神也。以恩為用最妙。或以忌為用。以難為用。即不能全美也。二分為平氣。蓋謂陰陽之平也。則五星兼用。要看山、向、命、宮之恩、用、仇、難也。前後各十五日。共一月。過此則陰陽分定矣。至太陽過宮。初進宮六度。及將出宮六度。則論度。初入宮過六度。及將出宮末至六度。則論宮。天元歌所謂深則論宮。淺論度是也。

三元地理之旨。蔣公言不盡露。告戒丁寧。秘密慎重〻、至幸華溪劉後覺子。逐一發明。毫無疑惑。雖祗数頁。實後學之金針也。歙浦以東。尤賴張醒癡先生、傳習指示。凡我同人。自當恪守蔣公之志。敬遵劉張二先生之遺。慎勿輕易漏洩。有負前賢至囑。至囑。

清泉趙文鳴宸藻氏識

趙文鳴宸藻氏三元地理詩五言二百二十韻

稽古龍負圖觀者維伏羲察象畫八卦萬載常昭垂中含陰與陽物物不可違公劉遷都豳陰陽相其宜并往觀流泉卜宅因於斯文王囚羑里畫卦與羲毗後天為入用道契洛書徵成王營洛邑乃命周公姬相宅澗瀍間卜年八百奇姬公制指南路指越裳迷天生三大聖制立千秋規迨漢黃石公青囊肘後貽迄晉郭景純葬書不我欺明指坤兌乾坎艮震巽離可見宅與墓不出卦九圍及唐邱延翰其意心獨知著書凡三卷高宗收禁闈復詔一行僧銅函亂其詞賴有楊筠松竊翰書東歸恭考

作天玉。奥語古所稀。復（後）傳曾公安。黃妙應同躋。至宋吳景鸞。廖瑀賴布衣。司馬謝子敬。幕講卜則巍。蕭客董遇元。舒南陳希夷。各守其道。尚未涉邪思。奈明多偽術。怪誕如魅魑。忽著雪心賦。名托文公熹。并撰平砂尺。註冒誠意基。雪心不待辨。玉尺真堪嗤。中主生旺墓。此法起於誰。共稱為三合。無本并偏私。況分為雙山。八卦俱參差。辰巽丙午拆。丁未丙巳偕。甲卯未坤散。庚申辰乙排。丑艮庚辛亂。寅甲辛戌挨。乾亥子癸紊。癸丑壬亥皆。八卦聖人作。顛倒罪難辭。悞盡天下人。法究豈徒笞。更有見淺者。奉之如靈蓍。與言終不聽。如醉又如癡。幸生蔣大江。辨正發

仁慈天元歸厚録醒心神火詩中有審運篇脱穎猶〻〻雖一白
上元龍二黑三碧陪四緑為中運五黄六白擠七赤係下元八
白九紫挨一白即為坎二坤三震推四緑即為巽五黄六乾比
七赤即為兌八艮九離儕此開天地秘至理真我師數聖所未
洩諸賢所未窺譬如春夏秋四時運旋移譬如晨晝夜一日迭
相催譬如少壯老一身有盛衰上元譬諸春日暖風和熙倘得
三陽水可卜無替萎中元譬夏秋平分先後齊下元譬諸冬氣
短日凄其有龍須有水界水龍旋迴水繞氣方積水蓄地始機
有水始有龍交媾分雄雌水自離方至龍即坎方來水自乾方

到龍即巽方回水自坤方進龍即艮方開水自兌方注龍即震方，徊如響之必應如影之必隨如魚之潛躍如鳶之高飛視之雖不見體物無時遺以此較三合三合理真非況乎指南針猶如向日葵何為添內外空自相識訾我謂三元旨明同照水犀其理細如髮其論圓如圭楊曾未發秘天地自然機一定不可易了然無復疑必先明此義然後察地坼胸中具成竹運用見操持茲分作三端水山與陽織平洋專看水因水運我施曲水原如篆如玄如草之圓如金者圓直如木者推方如土者重共如火者災端而正者靜偏而斜者陮環而抱者裕反而背者饑向而朝者貴。冲而射者隤。深而長者富。淺而短者墮。前龍謂之攀。後龍謂之騎。左龍及右龍。夾龍傍水湄。水外應防漏。幹中應捕枝。單泉須曲抱。夾澗須縈洄。夭矯或如龍。蜿蜒或如蛇。飛舞或如鳳。奔躍或如螭。環繞或如帶。通達或如逵。遊行或如虬。蟠蓄或如蠵。朝拱或如笏。穎秀或如芝。穴前宜漸高。穴後宜漸低。長房看左渚。幼房看右坻。另有湖與蕩。以及沼與池。總以元運合。衰旺從此披。值元莫出卦。出卦恐遭罹。山法論山龍。起伏及高卑。連脈在本峯。飛脈在遠厓。或結山之頂。或聚水之陂。或凝山之麓。或鍾山之坯。或藏山之腰。或止山之隈。向我者多子。背我者無兒。朝我者受福。冲我者少孩。渙散者每敗。環繞者聚貴。平正者常定。欹側者永乖。連絡者能久。截斷者退財。重疊者出秀。坦易者鮮才。周圍或如垣。盤繞或如籬。勢鎮或如壘。陣列或如碁。崢嶸或如虎。蟠踞或如獅。障蔽或如屏。掩映或如帷。掐搖或如幟。揮動或如旗。孕育真結穴。迎接亦成胎。騎脊既覺異。斬關尤見奇。亦以元運合衰旺。從此祈值元莫出卦。出卦終成厭陽。基有三種。村城與壓儀。村以水為主。路更輕於扉。城以水為末。門重等於街。山路門皆次。最怕山風吹。然此特外勢。內局當細裁。宅體貴端方。偏斜者非佳。宅向貴清純。出卦者多凶。宅門貴値旺。失令者難培。宅最重卧房。脱運更難諧。宅并重ゝゝ火所賴在先祠。屋宇須相稱。庭除毋太恢。或有分居者。一家别東西門。門關興敗。戶戶關樂哀。終將元運合。一貫如珠纍。値元莫出卦。出卦尤多裁。此為擇地法。詞簡意無虧。惟待細推求。大吉已備今。更有選日訣。法細猶如絲。昔舜齊七政。玉衡與璿璣。七政者為何。日月五星臺。以此省行運。躔度原堪稽。後遭秦火滅。至漢宣帝階。詔臣耿壽昌。銅鑄渾天儀。日月中旋運。五星昭其輝。今之選日者。彼此都猜疑。或將斗首譽。或將演禽詆。或更用奇遁。徒為大雅譏。試讀衛風定。營室方中煇。又云揆以日。日更照丹墀。可。見。日。星。集。何。事。紛紛。為。況。乎。日。與。月。代。天。左。右。司。五。星。附。
其。末。四。餘。且。後。追。安。有。神。與。煞。上。蔽。炎。光。曦。且。人。死。既。久。命。豈。
猶。在。茲。矧。彼。生。人。命。與。日。分。兩。歧。惟。入。此。墓。日。乃。為。受。命。時。譬。
如。人。初。生。落。地。成。形。骸。斯。眞。陰。宅。命。禍。福。藏。先。幾。陽。基。義。亦。同。
立。柱。日。為。楷。法。以。日。為。主。月。隨。日。囘。睽。五。星。木。火。土。金。水。互。逶。
迤。四。餘。炁。孛。羅。計。又。常。相。依。炁。乃。木。餘。孛。乃。水。餘。羅。乃。火。
餘。燄。計。乃。土。餘。泥。日。隨。天。左。轉。一。日。一。度。抛。一。月。一。宮。遍。一。歲。
周。天。跂。月。又。隨。日。運。十。三。度。日。逡。望。對。朔。同。宮。常。借。日。光。暉。木。
星。贏。縮。轉。十。二。日。一。度。秭。火。星。順。逆。轉。二。日。一。度。斂。土。尽一。廿。八。日。

一度行獨遲。金星喜伏行。一日一度隮。水星惟順輪。一日一度
栖。氣星廿八日。一度行亦遲。孛星每晴旋。九日一度趍。羅星與
計星。十八日度頹。相對皆逆運。不差毫與釐。雨水日日躔亥。春分
戌宮馳。轂雨過酉界。小滿申畔棲。夏至到未境。大暑午上暆。處
暑至巳分。秋分辰內羇。霜降來卯域。小雪寅中維。冬至歷丑徑。
大寒子位栖。元旦月月臨亥。廿八復至危。二月廿六轉。三月廿三
迆。四月廿一繼。五月十九逕。六月十七接。七月十四踁。八月十
二紿。九月初十趫。十月初八嗣。十一初六毗。十二初三續。元日
危又趍。亥宮危至室。戌室連壁奎。酉婁及胃昴。申昴畢參觜。未

觜還䮶井。午鬼柳星䄵。巳星與張翼。辰翼軫角伺。卯角亢氐房。寅房心尾箕。丑箕并合斗。子牛女虛㢘。此。為。躔。度。法。十。二。支。為。匙。既明日月星。始擇日輪樏。在何宮及度。配、向、合、山、溪、或、拱、關、夾、輔。坐、照、手、分、批。既定月與日。選時奮筆揮。立命在何宮。恩、用、須、並、提。陰令用火溫。陽令用水滋。春秋二分候。五行兼指麾。陽、宅、日、為、主。卯、六、時、升、堤。陰、宅、月、為、主。酉、六、時、作、堆。倘、逢、日、月、蝕。不、便、立、壇、壝。娶婦看宅向。門牀㝗旺咨。灶重鍋趨生。火門背納煤。天。元。五。歌。中。斯。法。原。畢。該。我於三元旨。探索十餘朞（期）。諸子語遍覽。蔣公書日諮。八。卦。覩。我。目。洛。書。融。我。懷。并覆舊（貝）宅。應。驗。

如。灼。龜。禍。福。同。操。券。興。廢。若。刋。碑。故雖老且病。終歲※作孜孜。信。極。轉。為。樂。奔。走。幾。忘。疲。余今制二盤。出入常相攜。擇。地。持。八卦。擇。日。持。地。支。常。存。救。貧。志。敢。比。文。正。醫。

三元地理考證

堪輿之道，由來已久。自河出圖，洛出書，伏羲觀之，以畫八卦，而陰陽五行之理寓焉。迨公劉遷豳，而曰相其陰陽，觀其流泉。文王伐密伐崇，而曰度其鮮原，居岐之陽，在渭之將。成王營洛邑，而命周公相宅于澗水東、瀍水西之間。凡載於詩書者，班班可考。夫曰相、曰觀、曰度，可知古聖人築城營邑，未嘗不於泉水交流之處，察其陰陽者也。況文王畫後天八卦，并與周公繫之以辭，周公制指南車，以定八方。周公之於地理，諒必神而明之，特未嘗筆之於書耳。至秦樗里子、漢管公明，雖有著述，未暢厥旨。及讀黃石公授赤松子青囊經與玄女三字青囊言簡意該真堪輿之鼻祖他如青烏撅首僅傳其文猶軼其姓氏迄晉郭景純作葬書簡而古深而奧實青囊之註疏至唐邱延翰洞曉源流作師授理氣心印三卷高宗患民間之明其術者竊占佳城因收藏內府并詔一行僧造銅函經以亂其真悉皆倒裝生旺反用休囚以惑於世賴贛水楊筠松得延翰之書以還江左心契其微神明變化作青囊奧語天玉經都天寶照經遍地鉗撼龍疑龍倒杖諸書真出神入化故其號曰救貧後以斯道傳其徒曾公安公安博採群搜作青囊序黃妙應亦筠松高足作穴法

二十四歌。宋、吳景鸞。得楊曾之秘。作道法雙談、等書。幺、亻、授廖金精。金精亦有作法。秘、旨等書。賴文俊作催官。張子微作玉髓經。司馬頭陀作寓形論。劉江東作三寶經。謝子敬作寸金賦。舒南僧作怪穴圖。蔡牧堂作穴情賦。謝子期作水鉗說。胡矮仙作家寶經。又若董遇元、唐朝生、李淳風、卜則巍、陳希夷、蕭智深、劉秉忠、王仙師、劉誠意、慕講禪師、吳天柱、諸君。明。其。道。者。不。可。勝。數。然。終。未。變。厥。旨。柰有一等江湖術士。僅識字樣。不明其義。固陋寡聞。毫無真見。貽悞於世。并有一等喜新好異之徒。創立僻論。造作偽書。附會、穿、鑿、反、使、真、傳、的、派、湮、沒、不、彰。即如平砂玉尺。

托名劉秉忠撰劉誠意註夫文成公不特治功顯赫即文章著作楊維新稱為千古人豪子房玄齡所不逮故不必覽其全集即二鬼一詩已知其世傳平洋認龍諸訣之皆偽托矣豈能以超群絕俗之筆而作鄙俚粗俗之辭與秉忠註釋此等不通之論哉其與雪心賦之托名朱子無異矣我於此而并知玉尺之斷非秉忠所撰也況其中將二十四路分為十二位兩字連名為雙山又無端生出長生沐浴冠帶臨官帝旺衰病死墓絕胎養分貼十二位為三合我考其由毫無根據且辭說支離義理悖謬即如青囊經云順五兆用八卦三字經云審卦氣配九星

葬書云葬乾者葬坤者葬艮葬巽葬震葬離葬兌葬坎者靈城精義云用先天以統龍用後天以布局又云先後二天先為體而後為用又云地以八方定位正坤道之權輿輿語云雄與雌元空卦內推天玉經云卦內八卦不出位又云總是卦中來又云二十四山起八宮又云八卦九星空又云穴中八卦要知情寶照經云都天大卦總陰陽幕講玉鏡經分九星八山由此觀之自黃石以至幕講皆處處指定後天為入用之方可見地理祇當從八卦舍八卦則無以明地理也且八卦之按八方起於文王義符洛書經周公孔子以及前古後今諸聖諸賢諸儒之目

無敢易之者而忽遭無知妄作之徒欺世惑衆以十二位拆之
則兩字一劃遂將八卦逐一分散如離卦丙午一連去劃丁字坤
卦坤申一連劃去未字劃丁劃未已屬不可矧將丁未二字硬
為併合八卦皆然盡為紊亂有是理乎況三字經云推三吉合
八門謂當推三元之吉運以合八卦之門精義云當詳究乎四
龍天星宜細察乎三盤卦例天星者九星也三盤者乃上中下
三盤之卦也故云卦例與語云坤壬乙巨門從頭出艮丙辛位
〻是破軍巽辰亥盡是武曲位夫坤壬乙者上元也而二黑坤
配巨門故曰巨門從頭出艮丙辛者下元也而七赤兌配破軍

故曰位〻是破軍。巽辰亥者。中元也。而六白乾配武曲。故曰盡是武曲位。由是觀之。顯然以九星分配三元。明白畢露。天玉經云。江東一卦從來吉。八神四個一。江西一卦排龍位。八神四個二。南北八神共一卦。端的應無差。此江字。只當作水字解。江東一卦者。謂傍東水之卦也。分明下元卦也。八神四個一者。謂八卦中四正卦內之一卦也。江西一卦者。謂傍西水之卦也。分明中元卦也。八神四個二者。謂八卦中四隅卦內之二卦也。中元四六兩關。故謂之二。是一卦而兼二卦也。南北八神共一卦者。分明傍南水之卦。而為上元卦也。上元氣力深厚。一卦可該八卦。故謂之共一卦也。下又接云二十四龍管三卦。分明二十四龍只該分為八卦。就八卦之中又只該分為三卦。後又云。東西父母三般卦。又云。三般卦第一。又云。天地父母三般卦。又云。要求富貴三般卦。又云。識得父母三般卦。三卦者。明指上中下三元也。不然。何八卦而只云三卦。且一篇之中。六處稱之。不置乎。可知一二三為上元。四五六為中元。七八九為下元。三六循環秩然有序。一定不易之理也。寶照經云。子癸午丁天元宮。辰戌丑未地元龍。寅申巳亥人元來。天地人。即上中下。三元之旨顯然吐露。後又云。八卦只有一卦通。此語尤屬三元之至要。分明二十四龍。只該分為八卦。又只該分為三卦。就三卦之中。又只有值運之一卦。故下文又云。乾坤艮巽躔何位。乙辛丁癸落何宮。甲庚壬丙來何地。又明明註出乾坤艮巽。中元也。乙辛丁癸。上元也。甲庚壬丙。下元也。躔何位。落何宮。來何地。又明明說出當上元運。自有上元作法。當中元運。自有中元作法。當下元運。自有下元作法。不容顛亂。不容夾雜。必須深明確見。方知山情水意。合得天心造化工也。就三篇之中。楊公千言萬語。究不出三元二字之旨。奧語以九星分配三元。天玉以八卦分配三元。寶照直指出天地人三元字面。并點出只有一卦通之語。可見三。

元輪轉隨運施行眞天地自然而然中所自有之運斷無絲毫勉强於其間也豈若生旺墓之無中生有死板生硬者乎何後之人日誦楊公之書茫然罔覺眞一丁不識有目無珠者也直至雲間蔣大鴻得無極子八極神樞枕中秘記之眞傳識見高明心思透徹洞河洛之淵源會楊曾之奥妙撰地理辨正歸厚録天元歌水龍經序醒心篇神火精太極篇混元歌八宅天元賦陽宅指南尅擇秘旨造命約言天星擇日等書以河圖先天八卦為體以洛書後天八卦為用體洛書後天八卦之旨發出上中下三元之義開古今不易之機闢天地自然之運恍如撥

雲○霧○而○見○青○天○當○亦○發○文○王○周○公○孔○子○所○欲○發○而○未○發○之○旨○者○也○夫上中下三元之旨○其來遠矣○讀康熙御製萬年書○逐元挨轉○直至此時○歷可指數○正孟子所謂天之高也○星辰之遠也○苟求其故○千歲之日至○可坐而致者也○其義、在、洛、書、後、天、八、卦、中、所、固、有○特郭公蘊而未洩○楊公露而未明○以致庸愚一流○胸無書史○不能力探其奧耳○今雲陽祖師枕中記云○元運維何○九宮輪轉○分方遁旺○南離西兌○東北艮位○三○方○水○遶名為元始○乾門巽戶○二○方○水○抱五黃得氣○北坎東震○西南坤地○三○方○水○繞是維元會○歸厚錄審運篇云○上元一統○黑碧佐治○中元四統○五六鼎峙。下元七統。八九迭制。其徒沈生註云。上元甲子。以一白坎爲統龍。二黑坤。三碧震輔之。共主六十年。坎先管二十年。甲申入坤。甲辰入震。各管二十年。然在一元之內。皆乘旺氣。而坎爲主星。中元甲子。以四綠爲統龍。五黃中宮。六白乾輔之。主治如前。下元甲子。以七赤兌爲統龍。八白艮。九紫離輔之。主治亦如前。蓋後天八卦之坎坤震巽乾兌艮離。即洛書之一白二黑三碧四綠六白七赤八白九紫。合而爲一者也。天元歌云。九龍八卦貴乘時。上下三元各有宜。葬着旺龍當代發。葬着平龍發遲葬着死龍憂敗絕。縱然合格也難支。不是八神齊到穴。出元之卦莫相依。即雲陽蔣公之書。明白分曉。洞徹源流如此。讀之者自應如夢之忽覺。如醉之忽醒。頓改前非。愧悔莫及。何終不知不識。爭論無已。豈非自悞ゝ人。遺害不盡者耶。且夫天地不能有靜而無動。古今不能有止而無行。有興必有敗。有盛必有衰。此自然之運不可强也。試觀一年之中。自有春夏秋冬之換。一日之內。自有晨昏晝夜之移。一人之身。自有少長壯老之異。豈天與人如是。而地獨無循環衰旺之候乎。特坎離為天地之中氣。中男中女。即先天之乾坤。中藏戊己真土。故三元不敗者多。天玉經云。三陽水向盡源流。富貴永無休。於此可見矣。蓋上元猶如一年之春日暖氣長直貫一年。猶如一日之晨氣象清明。直貫一日。又如一人之幼純陽體健直貫一生。故上元三龍在中元未嘗不發。蓋中元即上元之餘氣。可見上元龍並旺中元。中元龍亦有餘力旺及下元。獨下元之龍為力甚微。即看一年之冬。一日之暮。一身之老。一轉瞬而已過矣。即如青囊云。排六甲布八門。此一證也。葬書云。衰旺係乎形應。又云朱雀源于生氣。派於未盛。朝于大旺。澤於將衰。流于囚謝。以返不絕。味其語意。正申明上文衰旺之旨。蓋當旺時。自有生氣。漸從未盛以至於大旺。及其將衰。又必流于囚謝。然天地之運有循環。有旺必有衰有衰又必有旺故又云以返不絕此正疏明青囊排六甲之紀年審運也何見淺者忽將生氣改為長生大旺改為帝旺將衰解曰未全衰并將冠帶臨官貼未盛死病墓絕貼囚謝胎養貼不絕而中間却遺去沐浴而不知其人之昏昧一至於此況生氣二字即開篇乘生氣之生氣其中並無長生二字之意如果以生氣為長生冠帶臨官為未盛耶公何不若葬乾葬坤明明指出豈八卦可以明言而長生沐浴獨不可以顯示耶可以見郭公之初無長生十二位之說存於心也此又一證也精義形氣開首云宇宙有大關會氣運為主山川有真性情氣勢

為先。地運有推移。而天氣從之。天氣有轉從。而地運應之。天氣動於上。而人為應之。人為動於下。而天氣從之。語甚分明易曉。此又一證也。天玉經云。惟有挨星為最貴。泄漏天機秘。天機若然安在內。家活當富貴。天機者。即天運也。又云。龍要合向向合水。水合三吉位。合祿合馬合官星。本卦生旺尋可見。龍向與水。終要合得生旺。此又一證也。奧語云。認龍立穴要分明。在人仔細辨天心。天心者。即三元之天運也。此又一證也。青囊序云。識得陰陽玄妙理。知其衰旺生與死。不問坐山與來水。但逢死氣皆無取。又云。氣乘生旺方無煞。可見山與水俱要合得生旺為

坐或作來

是。此又一證也。歸厚録審運篇云。日有中昃。月有盈虧。地有衰旺。家有廢興。天元歌云。在天北斗司元化。在地八卦顯天心。能將九曜為喉舌。大地乾坤一口吞。此又一證也。合而觀之。天地自有轉運。轉運自有盛衰。失令者敗。得令者興。了然無疑者也。世之言地理者。可以誦此而頓悟矣。至於擇日。自當以日月五星四餘為主。昔舜作璿璣玉衡。以齊七政。七政者。日月五星也。古來本有此法。遭秦火而滅。至漢宣帝時。耿壽昌鑄銅為之。名曰渾天儀。即璿璣之遺法也。又讀衛風定之方中。定營室星也。又曰。揆之以日。作於楚室。可見作室未有不以日為主。星為用者也。而後世紛〻。或用斗首。或用演禽。或用奇遁。皆以三煞、太歲、陰府、空亡、金神、退氣、年尅月壓為拘忌。豈知天地不過陰陽。陰陽見諸日月五星。日月五星運天地之陰陽而冠乎萬物之上。既有日月五星。又焉有所為神煞哉。即或有之。亦必為日月五星所壓制矣。且人而既死。已無所謂命矣。況生人之命與葬日何干。惟葬之年月日時。乃入地之始。譬如人初生之日也。此真陰基之命也。陽宅亦然。故陰宅以入土日為主。陽宅以立柱日為主。其法備於天元第五歌。以及尅擇秘旨造命約言天星擇日書中。至七政之運行。以十二支為宮。以二十八宿為度。每宮三十度。每度六十分。周天三百六十度。名曰量天尺。其法載於七政躔度時憲書。其理更細。非明於天文者。未易推測也。精義云。天以十二分野。正躔度之次舍。故壬子丙午為天盤。居外以應天之虛。於此見十二支之羅經。明指將以正日月五星之躔度。故曰天盤。而無識者。猶托名楊公所制。亦無因之至矣。故我分制二盤。地盤列八卦。將以擇地。天盤列十二支。將以擇日。若夫羅經。只當用正針。蓋指南不可移動。若照三盤。則中盤之子。是外盤之癸。明差一字矣。豈指南而可以子可以癸乎。乃世之人。定龍立向。仍從八卦用正針。消砂納水。又從生旺墓用縫針如此則龍向與砂水又分為兩途矣我知始制指南之周公復生當未肯以為然也余少壯時留心舉業暇習詩詞書画地理之道茫乎未之聞也迨五旬候兩大人相繼而逝不忍輕葬因延垂髫好友張醒癡覓地醒癡受業於華溼劉後覺子得蔣公三元之秘日與談論并取三元三合之書叅考窮究始知三元之是實而有憑三合之非虛而無據更往覆按舊墳以三元之道推之無不一一應驗以三合之法推之無不一一悖謬於此益深信無疑及弟璞函盡節金川賜葬歸里而醒癡亦相繼而歿余反覆研求精明詳確乃買得兩地葬我先人并葬璞函

未至三年。而大姪少鈍。㢛補內閣中書。二姪硯懷。特拔懋勤殿行走。後福正未可量。此於地理決之也。我於三元之道。非敢自誇。實見得明。辨得確。參得透。信得眞。非若世人。徒以口腹為計。不論地之善惡。日之吉凶。隨所至而無不為。以致殄滅人之子嗣而不知。故信我者。我始往。不信我者。我不至。地之佳者。我方取。地之不佳者。我即舍。不敢害人。務期益世。亦非作此以闢三合。特因徧覽舊墓。不合元運而衰敗者。十居八九。貧者貧。苦者苦。死者死。絕者絕。不禁驚而駭。哀而憐。惻隱心動。作此考證一篇。將以喚醒一切。援挽四方。時存楊公救貧之志。而敢比范文

正。公。之。良。醫。也。然擇地之如何作用。擇日之如何配合。未敢盡
洩天機。即三元地理一詩。亦不過存其大畧而已也。
乾隆四十三年十月上海趙文鳴字宸藻號清泉撰

三元地理真傳卷之四終

心一堂術數古籍珍本叢刊　第一輯書目

32	命學探驪集	【民國】張巢雲	發前人所未發 稀見民初子平命理著作
33	澹園命談	【民國】高澹園	
34	算命一讀通——鴻福齊天	【民國】不空居士、覺先居士合纂	
35	子平玄理	【民國】施惕君	
36	星命風水秘傳百日通	心一堂編	
37	命理大四字金前定	題【晉】鬼谷子王詡	源自元代算命術
38	命理斷語義理源深	心一堂編	稀見清代批命斷語及活套
39-40	文武星案	【明】陸位	失傳四百年《張果星宗》姊妹篇 千多星盤命例　研究命學必備
相術類			
41	新相人學講義	【民國】楊叔和	失傳民初白話文相術書
42	手相學淺説	【民國】黃龍	民初中西結合手相學經典
43	大清相法	心一堂編	重現失傳經典相書
44	相法易知	心一堂編	
45	相法秘傳百日通	心一堂編	
堪輿類			
46	靈城精義箋	【清】沈竹礽	沈氏玄空遺珍 玄空風水必讀
47	地理辨正抉要	【清】沈竹礽	
48	《玄空古義四種通釋》《地理疑義答問》合刊	沈瓞民	
49	《沈氏玄空吹虀室雜存》《玄空捷訣》合刊	【民國】申聽禪	
50	漢鏡齋堪輿小識	【民國】查國珍、沈瓞民	失傳已久的無常派玄空經典
51	堪輿一覽	【清】孫竹田	
52	章仲山挨星秘訣（修定版）	【清】章仲山	章仲山無常派玄空珍秘 門內秘本首次公開 沈竹礽等大師尋覓一生 末得之珍本！
53	臨穴指南	【清】章仲山	
54	章仲山宅案附無常派玄空秘要	心一堂編	
55	地理辨正補	【清】朱小鶴	玄空六派蘇州派代表作
56	陽宅覺元氏新書	【清】元祝垚	簡易・有效・神驗之玄空陽宅法
57	地學鐵骨秘　附　吳師青藏命理大易數	【民國】吳師青	釋玄空廣東派地學之秘
58-61	四秘全書十二種（清刻原本）	【清】尹一勺	玄空湘楚派經典本來面目 有別於錯誤極多的坊本

91	地學形勢摘要	心一堂編	形家秘鈔珍本
92	《平洋地理入門》《巒頭圖解》合刊	【清】盧崇台	平洋水法、形家秘本
93	《鑒水極玄經》《秘授水法》合刊	【唐】司馬頭陀、【清】鮑湘襟	千古之秘，不可妄傳匪人
94	平洋地理闡秘	心一堂編	雲間三元平洋形法秘鈔珍本
95	地經圖說	【清】余九皋	形勢理氣、精繪圖文
96	司馬頭陀地鉗	【唐】司馬頭陀	流傳極稀《地鉗》
97	欽天監地理醒世切要辨論	【清】欽天監	公開清代皇室御用風水真本
三式類			
98-99	大六壬尋源二種	【清】張純照	六壬入門、占課指南
100	六壬教科六壬鑰	【民國】蔣問天	由淺入深，首尾悉備
101	壬課總訣	心一堂編	過去術家不外傳的珍稀六壬術秘鈔本
102	六壬秘斷	心一堂編	
103	大六壬類闡	心一堂編	
104	六壬秘笈——韋千里占卜講義	【民國】韋千里	六壬入門必備
105	壬學述古	【民國】曹仁麟	依法占之，「無不神驗」
106	奇門揭要	心一堂編	集「法奇門」、「術奇門」精要
107	奇門行軍要略	【清】劉文瀾	條理清晰、簡明易用
108	奇門大宗直旨	劉毗	天下孤本　首次公開
109	奇門三奇干支神應	馮繼明	虛白廬藏本《秘藏遁甲天機》
110	奇門仙機	題【漢】張子房	奇門不傳之秘　應驗如神
111	奇門心法秘纂	題【漢】韓信（淮陰侯）	
112	奇門廬中闡秘	題【三國】諸葛武候註	
選擇類			
113-114	儀度六壬選日要訣	【清】張九儀	清初三合風水名家張九儀擇日秘傳
115	天元選擇辨正	【清】一園主人	釋蔣大鴻天元選擇法
其他類			
116	述卜筮星相學	【民國】袁樹珊	民初二大命理家南袁北韋
117-120	中國歷代卜人傳	【民國】袁樹珊	南袁之術數經典